東京近郊
深度繪旅行

TOKYO & COUNTRYSIDE

富士山、周邊輕旅，
還有季節美景與驚奇見學

文少輝Jackman、傅美璇Erica
著

| 前言｜都市之外的「背面時光」 006

1 追訪富士山の旅
靜岡縣三島市・伊豆

- 1-1 富士山放題追星之旅 012
  追逐日本第一高峰的千姿百態
- 1-2 解密富士山的文化靈魂 018
  淺間大社與富士山的世界遺產故事
- 1-3 JR三島站的食宿筆記 030
  富士山景與特色早餐一次滿足
- 1-4 伊豆的富士・山與湯 036
  伊豆全景公園與修善寺溫泉一日旅
- 1-5 伊豆的富士・天與海 046
  三島天空步道與沼津港一日旅
- 1-6 在霧裡追尋富士山 056
  環山中湖單車記
- 1-7 被神挖一口的抹茶布丁 068
  大室山、城崎海岸一日旅

2 追訪富士山の旅

靜岡縣靜岡市

2-1 他方難以媲美的地平線 ……… 080
　　　飽覽日本平 360 度絕景

2-2 富士山就是房間的窗景 ……… 088
　　　日本平飯店的入住體驗

2-3 遙望富士山的神聖松原 ……… 094
　　　天人共舞的三保松原

2-4 感謝富士山給的美好 ……… 102
　　　從靜岡機場返家

3 近郊輕旅行

茨城・栃木・長野・群馬・伊豆

- 3-1　大洗的晨昏物語 …………… 108
  在太平洋晨曦中甦醒的神磯鳥居

- 3-2　筑波山的日與夜 …………… 120
  從關東平原絕景到日本夜景遺產饗宴

- 3-3　群山環繞的溫泉鄉 ………… 136
  日光與鬼怒川的山湖盛宴

- 3-4　東京後花園的溫泉靜旅 …… 158
  輕井澤、草津溫泉的慢活提案

- 3-5　雪與櫻的二月物語 ………… 170
  雪景、早櫻與白梅的完美邂逅

4 春與秋の東京幸福

- 4-1　東京賞櫻散策 ……………… 180
  收藏在記憶寶盒裡的都會春日

- 4-2　金葉飄舞的東京 …………… 200
  四大銀杏名所的金色饗宴

- 4-3　紅葉與富士一次滿足 ……… 216
  高尾山上的東京楓景詩

- 4-4　東京人的山林休日 ………… 224
  御岳山的幽靜日常

5 東京限定見學

- 5-1 **在災害中立足的見學** ……… 234
  從防災地下神殿見證強韌的日本

- 5-2 **ANA 與 JAL 名額大作戰** ……… 246
  難得又震撼的飛機近距見學

- 5-3 **皇居內苑見學** ……… 262
  一日三百人拜訪天皇的家

- 5-4 **藍調東京之夜** ……… 270
  朝聖爵士迷聖地 Blue Note Tokyo

- 5-5 **下榻東京的好選擇** ……… 276
  八重洲與臨海副都心區留宿提案

附錄｜畫作的創作手記 ……… 284

關於作者｜文少輝 Man Siu Fai, Jackman ……… 286

前言
都市之外的「背面時光」

我們是來自香港的夫妻與創作夥伴,一手包辦這部結合文字、繪畫及攝影的旅遊著作。一如每一部作品,畫作是著作中最精髓之處,也是我倆最引以為傲的地方。

我們的著作就像一道特別的橋梁,一端是「我們的創作世界」,另一端則連繫著長期支持我們的讀者與初次認識我們的新讀者。上一部作品《日本絕景繪旅行》出版至今約半年,期間雖遭遇許多需要耗費大量時間來克服的事,但能在短時間內帶著新作與大家相見,除了感激,也有一份長存於心的感動。

《東京近郊深度繪旅行》與《日本絕景繪旅行》是一脈相承的「姊妹篇」，不僅同期籌備，更重要的是同樣強調「從大都市出走」的概念。為了發掘不一樣的日本，書中不會出現大城市的多采多姿、日新月異的景點與體驗，以及一般觀光客的行程。

以富士山為例，在河口湖便利商店外與人潮排隊打卡，或在湖景房間住一兩晚看富士山，都是很多人的必做清單。然而，我們好奇的還有更多：見其形便想知其義、知其神，想進一步看看富士山的背面、不登山也想了解其地貌，以及它對日本的恩澤、如何成為文化遺產的宗教歷史元素等等更深入的細節。

相信讀者與我們有相同的心情，因此本書重點在於讓讀者多角度、多元性、多層面地「認識景點」。我們將反覆旅遊的歷程加以整合與濃縮，目的是希望大家看完書後，能在接下來的旅程中即有更立體的體驗──讓未去過的人充滿行動力，盡快訂好機票出發；讓已去過的人再發現更有趣的玩法，並重新列入下次旅遊的行程。

廣義來說，「東京近郊」是指從東京都市中心僅需一至兩小時即可造訪的景點。全書分為五章，以主題劃分為：第一、二章的「追訪富士山の旅」（靜岡縣三島市、伊豆與靜岡市），第三章是「近郊輕旅行」，第四章是「春與秋の東京幸福」，「東京限定見學」則是壓軸篇。

「追訪富士山の旅」兩個章節將揭開富士山的「背面故事」。有別於人潮洶湧的山梨縣河口湖，本章著重介紹靜岡縣三島市與靜岡市，因為在靜岡這一側不僅能避開觀光人潮，更蘊藏著許多有關富士山的精彩祕辛，這些都能在靜岡縣富士山世界遺產中心的珍貴展示、富士山本宮淺間大社的悠久歷史，以及三保松原的絕美風光中，逐一探索解答。同時，我們也趁交通之便，在行程中穿插一日山中湖之遊。

「近郊輕旅行」一章探訪東京周邊較遠的區域，以兩天一夜或三天兩夜的行程規劃為主。包含日光、鬼怒川、輕井澤、草津溫泉與伊豆河津川等廣受歡迎的景點，我們將多次實地探訪的經驗整合成更巧妙的行程安排。而除了這些耳熟能詳的勝地，也特別介紹了茨城縣的兩處私藏景點：大洗海岸與筑波山。這一海一山雖較少見於外國旅遊指南，卻是日本當地人引以為傲的在地寶藏。

「春與秋の東京幸福」從篇名便可知是帶大家進入「粉紅色」（櫻花）、「紅色」（楓葉）與「金黃色」（銀杏葉）的世界。這些季節限定風光真是一期一會，而

且觀賞期不長,若有幸遇上「蔚藍天色+滿開盛況」,就像是收到上天送來的珍貴禮物。本章精選東京都內及近郊景點,規劃多條一日遊路線,每條行程皆能順遊兩、三處景點,讓旅人在有限時間內充分體驗東京的美麗春秋。

最後壓軸的「東京限定見學」,絕對名副其實。「防災地下神殿」與「飛機近距離見學」兩大行程,分別位處東京都外圍與羽田機場附近,皆是全日本僅此一處能夠參與的獨特體驗。這兩處見學地點完美展現了日本的防災工程技術與航空科技實力,為我們帶來極為難得的深度探索機會——真的是非常難得,因為名額很難搶。

上一本書中提過我們對「東北與南北海道」懷有深厚情感;至於「東京都」與「東京近郊」對我們來說,更有一種無可取代的地位。多年前的第一次日本旅行,東京就是首站,往後數之不盡的日本旅行,無論是三天短旅或長達一個月的長旅,東京都或東京近郊的景點必定出現在行程中。有些地方為了觀賞、對照四季的不同風情而屢次造訪,多年來累計的景點已遠非一本書能全數收錄的內容。雖然這次挑選內容的過程讓人很掙扎,但我們卻也樂在其中。

我用畫筆與相機,細膩刻畫每處風景,希望帶大家深入探索這片土地的「背面時光」。

能夠將最鍾愛、印象最深刻的地方集結成書,這過程中我們傾注了全部的心力。希望讀者能透過文字、畫作與照片,感受到我們在探訪這些景點時的幸福感,並以此書為伴,展開自己的旅程。即使在本書出版後,東京都與近郊依然是我們最常造訪的區域,相信幾年後,我們的景點排行榜又會有所改變,期待屆時能夠再次與讀者分享全新的探索心得。

文少輝、傅美璇

富士五湖中面積最大的山中湖，與後方的富士山形成一幅美麗動人的畫作。

1 追訪富士山の旅

靜岡縣

三島市 伊豆

1 富士山放題追星之旅
追逐日本第一高峰的千姿百態

文中的「放題」，有「隨心所欲」、「不受限制」的意思。而「富士山放題追星之旅」的概念，其實有點像是「追星追到飽」。但明星會四處移動，粉絲必須追著他們的行程到處跑。富士山則不動如山地坐落在同一個位置，追逐富士山的人反而是要從不同的角度以及遠近不一的距離，來尋看它千變萬化的身影。

　　在接下來介紹的旅行中，我就是以「富士山狂粉」的心情，把它的千姿百態不計次數地通通追起來。

面對富士山這麼龐大的「巨星」，該怎麼追呢？其實，我從上飛機就開始追了——凡是從港、台出發，不論降落的是成田還是羽田機場，去程時的飛機皆從富士山的右側飛過，所以我都會選擇靠窗座位，而且一定選「左去右回」。看到有別於地面的富士山俯瞰景色，總覺得接下來的旅程將備受祝福！

觀賞富士山的白色大衣

說到觀賞富士山的最佳季節，當然非冬季莫屬。除了天氣穩定、降雨較少等有利條件外，最重要的是——能欣賞到「披上白色外衣的富士山美景」！富士山的「初冠雪」通常出現在 10 月左右，一開始只是薄薄的「小衣」，雪量會持續累積到隔年 1 月，此時就能看到「完整的白色大衣」。我的「富士山放題追星之旅」正是在 1 月進行。

什麼是「初冠雪」？根據日本氣象廳的定義：「冠雪」指的是山腳氣象站人員能以肉眼觀測到山頂附近被白雪覆蓋的狀態；而在每年 8 月初到隔年 7 月底期間，第一次出現「冠雪」的情況就稱為「初冠雪」。富士山的積雪大約持續到 6 月才會完全融化，接著就進入全球登山客引頸期盼的富士山登山季。

一抬頭，便遇見富士山，彷彿為這趟旅程帶來祝福。

即使進入東京這座大廈叢林，我也不放過機會，晴天時，我會在東京六本木之丘展望台走上一圈，眺望遠方，刻意尋找富士山朦朧隱約的剪影。

　　當然，最直接的追星行程是——特地安排一天親近富士山。為了追逐這位「巨星」的身影，我避開人聲鼎沸的山梨縣河口湖一帶，轉而選擇從羽田機場往南移動，以靜岡縣的三島市及靜岡市作為據點。在這裡，一小時車程內就有數個絕佳的「追星」地點，讓我能夠毫無干擾地凝視這位「巨星」的絕美姿態。

　　前一夜，我入住靜岡三島的飯店，早早起床對著漆黑的窗外，完全分不清方位，只能耐心等到破曉時分，直到眼見富士山的輪廓隨著晨光鮮明起來——這剎那即

以靜岡縣的三島市及靜岡市為據點展開的「富士山放題追星之旅」。圖❶攝於靜岡飯店房間，窗外即是富士山勝景；圖❷則在JR三島站的新幹線月台上拍攝，旅客剛下車就能飽覽富士山雄姿。

此行特意避開人潮洶湧的河口湖，改從三島前往同屬富士五湖的山中湖，展開一趟環湖賞富士的單車之旅。

逝的景致,讓我內心一陣激動!

在前往富士山的途中,從巴士上親暱地望著它離我越來越近的身影——一定要說,能夠近距離地清楚看見山體紋理,與遠觀確實是截然不同的感受。還有,從正面觀看富士山,也會欣喜地發現雪冠覆蓋的範圍逐漸變廣;從背面看的話,則能看到巨大的凹洞。怎麼會有凹洞?我上網搜尋,原來這是依附在富士山旁最大的側火山(又稱「寄生火山」)——寶永山。總之,關於富士山的一切,身為狂粉的我都想親眼見證!

多天追逐下來,我竟不覺得疲憊,反而不斷發現新視角,越追越有勁!我願意爬上更多階梯、走得更高一點、更往前一點,就是要捕捉到它雄偉的身影——它與紅葉相映、與枯枝共舞、與鳥居相望、與鐵路巴士並行、與便利商店為鄰、與電線桿比高、與湖泊相戀、與天鵝共處、與人潮對視、與松樹相伴、與飛機遙望,當然還有與我的合影……只要有富士山入鏡,畫面頓時神采飛揚,讓我這名狂粉深陷在它無與倫比的魅力中!

這場追星之旅最後在富士山靜岡機場畫下句點。讓人感動的是,直到登機前的最後一刻,我依然能夠目送這位巨星,為這趟狂熱的追逐之旅寫下完美的 Ending。

016

在靜岡機場登機前，巨星富士山依然佇立眼前，為我的這趟追星之旅寫下完美句點。

2 解密富士山的文化靈魂
淺間大社與富士山的世界遺產故事

■ 靜岡縣富士山世界遺產中心　■ 富士山本宮淺間大社

對於觀光客來說，富士山或許只是個打卡景點。然而，富士山作為日本聖山，自古以來在信仰、文化、藝術等各個層面，都深深影響著日本人的生活。為了深入了解這座名山的內涵，我特地前往靜岡縣富士山世界遺產中心一探究竟。

另外，大家知道嗎？富士山山頂竟然是「私有地」，並不屬於日本政府所有。這座聖山的「地主」究竟是誰呢？讓我們繼續看下去！

何以富士山是世界的「文化遺產」？

富士山在 2013 年被登錄為世界文化遺產，許多人誤以為山體本身就是遺產，但這項文化遺產的正式名稱其實是「富士山——信仰的對象和藝術的源泉」。原來，富士山的價值不僅止於自然景觀，它所承載的文化和精神意義是更為寶貴的。

構成富士山列入文化遺產名錄的地點共有 25 處，包括富士山山頂的信仰遺跡群、富士五湖及周圍的神社和參拜地等，這些文化資產共同展現了富士山在信仰文化和藝術創作上的長遠影響。其中，本文將介紹的「富士山本宮淺間大社」與後文的「三保松原」，也都名列 25 處遺產之中，是不容錯過的重點內容。

靜岡縣富士山世界遺產中心（簡稱「世界遺產中心」）位於富士宮市，交通相當便利。從 JR 富士宮站下車後，步行約 10 分鐘就能抵達。

JR 富士宮站的車站印章圖案是「白絲瀑布」（白糸の滝）。日本有許多同名、但外觀各異的白絲瀑布，不過富士宮市的這座白絲瀑布，可是被列入富士山文化遺產 25 處之一。因為位置較遠，這次沒能前往參觀。

世界文化遺產富士山

富士山能成功登錄為世界文化遺產，基於兩大理由：一是作為「信仰的對象」，二是作為「藝術創作的泉源」。

富士山與信仰

古代日本人將不斷爆發的富士山視為神明的居所，因而以「遙拜」的形式表達敬意。為了鎮住爆發的火山，人們建立了淺間神社。隨著火山活動漸趨平靜，到了平安時代後期，富士山轉變為「登山參拜」的重要聖地。之後在戰國時代，各式富士山信仰開始興起，到了江戶時代更發展成廣為流傳的「富士講」。時至今日，每年夏季仍有大量登山客為了朝拜「御來光」（山頂日出）或進行「缽巡」（環繞火山口一周）而攀登富士山。

富士山與藝術

約 1,200 年前，有關富士山的詩歌創作，便已收錄在日本最古老的歌集《萬葉集》中。到了平安時代，富士山開始躍上繪畫舞台，其中現存最古老的相關繪畫是秦致貞的《聖德太子繪傳》，而本文提及的《絹本著色富士曼荼羅圖》也是代表作品之一（見第 26 頁）。江戶時代因「富士講」在民間盛行，富士山更成為眾多畫家偏愛的創作題材。由此可見，富士山的壯麗景致由古至今持續啟發無數創作者，同時透過這些藝術作品，讓富士山的名聲傳遍全球。

我是先從三島市搭乘JR東海道本線，一路上，富士山都在右側車窗外的遠處相伴；接著，在JR富士站轉車，全程約一小時左右，就到達了JR富士宮站。值得一提的是，富士宮口是富士山的四條登山路線之一。

還有另一種方式，是搭乘新幹線到新富士站（雖然此新幹線車站與JR富士站同樣位於富士市，但兩者距離相當遠），再轉搭巴士，直接前往世界遺產中心。

五層樓裡的虛擬富士之旅

這座由日本普立茲克建築獎大師坂茂設計的世界遺產中心，建築外觀本身就是一處打卡景點（順帶一提，台灣的台南市美術館二館也是出自坂茂之手）。整座建築由展示樓、北樓及西樓三座建築組成，最大亮點為中央的展示樓設計，是以木格柵罩住而構成的倒圓錐形，其獨特外觀在我前往途中就深深吸引我的目光。木格柵是由數百根富士檜木角材構成，每根為74立方公尺，這個「倒圓錐形」其實就是一座「顛倒的富士山」，周圍則環繞著一大片來自富士山融雪的水池。

推薦的拍攝點是在水池正中央，我造訪時正好

1-2 ｜「倒圓錐形」是展館的主要展示樓層，遊客可沿著它往上參觀。「倒圓錐形」的木格柵，是由富士檜木製成。

3 ｜ 展館免費提供富士山被登錄為世界文化遺產的資料手冊。

1-2 | 站在水池正中央,可見「倒圓錐形」建築倒映成「顛倒的富士山」,在平靜的水面上完美呈現。

❶ ❷

遇上午後無風的好時機，只見「顛倒的富士山」在寧靜的水面上平衡置中，呈現出富士山的完美倒影，形成一幅虛實交錯、帶點魔幻味道的絕美景色。在展示樓內，我進一步認識了富士檜木的生長習性，原來它生長在富士山南坡，那裡的陽光和降雨十分充足，使得樹木生長得十分健康。不過因為生長在富士山的火山灰土壤中，生長速度並不快，一棵樹只能收穫三根原木，因此相當珍貴。

世界遺產中心透過多項展覽主題、互動展示和多媒體演示，完整介紹了富士山。我最喜歡的是從不同層面解析神聖富士山的常設展。常設展設於「倒圓錐形」內，其內側是貫穿一到五樓的螺旋型斜坡，遊客可以漫步而上，觀賞投影在牆壁上的多媒體展示。這樣的概念，其實是模擬登山客從山腳一路攀爬至富士山山頂的經驗。我從最低海拔的海邊開始「登山」，一邊觀賞投影在牆壁上的「攀登參拜之山」、「狂暴之山」、「神聖之山」、「絕美之山」、「孕育之山」及「傳承之山」等主題的豐富內容，覺得這是個有趣又充滿巧思的展示方式。

其中「孕育之山」展區給我留下特別深刻的印象。原來從駿河灣海底（日本最深的海灣）開始測量到富士山山頂，總海拔超過6,000公尺。而富士山的豐富水源（無

1-2 ｜ 展館內透過多媒體，模擬登山客從山腳一路攀爬至富士山山頂的體驗。

022

「真富士山」與「顛倒的富士山」組成有趣的妙景。

1 | 「顛倒的富士山」其實是座椅,可見設計者的巧思。
2 | 登上頂樓展望台,飽覽富士山全景。
3-5 | 展館的紀念品真是讓人買得欲罷不能。

論是山頂的雪水、雨水滲入地底，或是從海底湧出），從古至今都在孕育著這個從駿河灣到高山地帶的完整生態系統。

當我在模擬世界裡穿越雲層、成功登頂後，不知不覺已來到頂樓。這裡又是另一個打卡點，設有與戶外相通的觀景台。無論在戶外，或是在半室內的空間，都能舒適地欣賞富士宮市街區前方那座高聳入雲的美麗富士山。

富士山山頂的地主──淺間大社

世界遺產中心的選址，想必與附近的富士山本宮淺間大社有著密切關係。來到大社入口，又是一個打卡點，在這裡可以拍到巨大鳥居與富士山的合照。

或許你對淺間神社有些熟悉，它主要奉祀將富士山神格化後的「淺間大神」（相關內容也可在世界遺產中心內觀賞到）。仔細想想，如果距離過遠或有障礙物，就無法清楚看到富士山，因此絕大部分的淺間神社都坐落在能望見富士山的視野範圍內。日本全國約有 1,300 多座淺間神社，以靜岡縣和山梨縣最多，其次為關東其他地區和愛知縣，而這座富士山本宮淺間大社正是總本社。

富士山本宮淺間大社與富士山相互輝映，構成千年信仰與自然的完美交會。

淺間大社珍藏的富士山身姿

神社入口設有介紹牌，主要說明富士山本宮淺間大社的重要珍藏：《絹本著色富士曼荼羅圖》，這件珍品雖然無緣一睹真面目，但仍值得在此一提。

《絹本著色富士曼荼羅圖》（直 180.2 cm × 橫 117.8 cm）描繪了富士山朝聖者在三保松原海邊登陸，以及攀登富士山各階段的情景，其中包含經過富士山本宮淺間大社的過程。富士山山頂被描繪成三座山峰，山峰上飄浮著各種佛祖神明。

富士山本宮淺間大社的地位不僅於此，更驚人的是——它正是富士山山頂地區（八合目以上）的擁有者！原來富士山在江戶時期歸幕府將軍德川家族所有，德川家族後來將八合目以上地區贈予淺間大社。明治維新後，山頂所有權一度國有化，淺間大社便在二戰結束後積極爭取，想取回山頂所有權，於是與日本政府陷入長年訴訟。1974 年，終於裁定判決山頂歸淺間大社所有，而日本政府直到 2004 年才完成所有移交手續，並每年支付一筆未公開的金額來「租用」山頂。

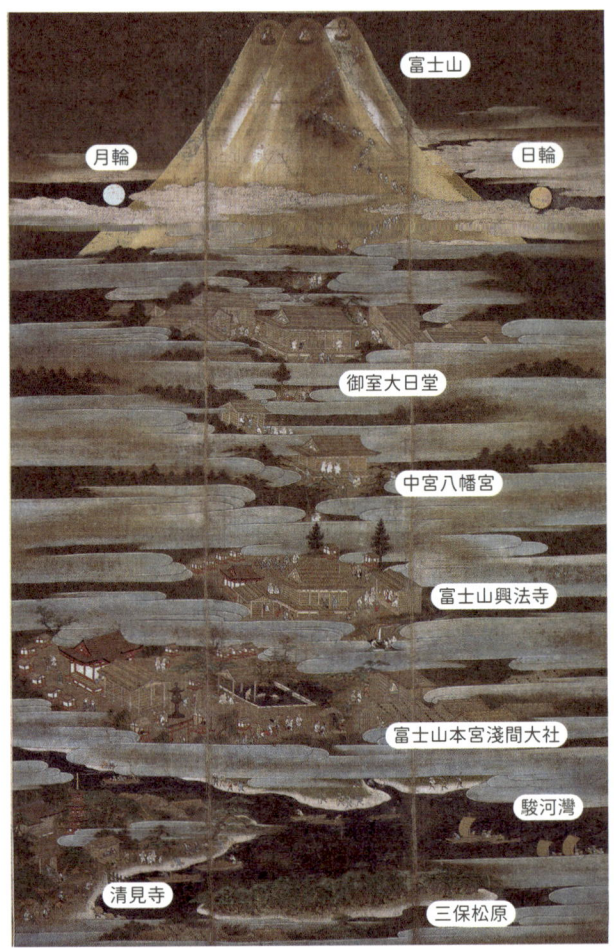

富士山本宮淺間大社入口的介紹牌，重點說明了珍藏於大社內的《絹本著色富士曼荼羅圖》的構圖及畫中各處重要地點。（圖片來源：維基百科，Public Domain）

1-4 | 全日本有超過一千所的淺間神社，而這座富士山本宮淺間大社正是總本社——能用上「大社」之名，可見地位無比重要。

除了富士山本宮淺間大社外，山宮淺間神社、河口淺間神社等六家淺間神社也一併列入世界文化遺產，成為富士山文化遺址的一部分。而在山頂上還有一間淺間神社奧宮，是夏季進行儀式的地點，又稱為「夏季神社」，成功登頂的人都會在山頂參拜。

我在1月造訪時，看到不少信眾前來進行新年祈願。參觀完本殿後，我走到院內深處的湧玉池，這是富士山雪水經過多層熔岩過濾後，在此湧出形成的小池塘，被列為特別天然紀念物。池水常年保持在13度，古時人們登山前都會在此沐浴，現在則開放讓人外帶泉水。

我希望下次能在3、4月再來造訪，那時可欣賞到500多株櫻花樹點綴的淺間大社。另一個值得期待的時節是7月，富士山每年7月開山時，這裡會舉行盛大的開山祭，我從未參加過類似的活動，實在令人充滿期待！

最後也推薦大家另一趟延伸旅程──除了靜岡縣外，山梨縣也有富士山世界遺產中心，展示了巨大的富士山模型，並以先進聲光技術演繹富士山的四季之美。

1-3 ｜ 來到院內最深處，映入眼簾的是源自富士山雪水的湧玉池，現在開放供人取用。

information

靜岡縣富士山世界遺產中心 ｜ mtfuji-whc.jp
山梨縣富士山世界遺產中心 ｜ fujisan-whc.jp
富士山本宮淺間大社 ｜ fuji-hongu.or.jp

如果要選出最能代表日本的畫作，這幅集合了富士山、富士山本宮淺間大社與國旗三大要素的作品，無疑是我心目中的前三名。

③ JR 三島站的食宿筆記
富士山景與特色早餐一次滿足

■ 富士山三島東急飯店　■ 三島 Dormy Inn 飯店

　　三島是我這趟靜岡縣富士山放題追星之旅的主要住宿據點。選擇這裡，是因為周邊不僅有伊豆全景公園、三島天空步道等幾個專賞富士山的知名景點，還有往山中湖、富士急、新宿等地的高速巴士。從東京過來也相當方便，搭乘新幹線只需約一小時車程即可抵達。

搭新幹線過來的話，會在JR三島站下車。此站分為南北兩口，北口是東海道新幹線的出入口，南口則是JR東海道本線與伊豆箱根鐵道的所在。前往各個景點的巴士或高速巴士都在南口站前搭乘，觀光中心也設置在此，因此住宿選在南口會比較方便。不過，北口也有值得留意之處：當我從東京搭乘新幹線抵達時，一踏出車廂就能在月台上遠眺富士山（這是我在靜岡縣看到富士山的第一個地點）。此外，北口附近有一家東橫INN富士山，部分房間的住客可欣賞到富士山景致。

坐擁山景第一排──富士山三島東急飯店

說到南口的住宿推薦，主要有富士山三島東急飯店、三島Dormy Inn飯店（恰好東急與Dormy Inn都是我很喜歡的旅館品牌）。由於這次我前後共住宿了7天，因此這兩家飯店都有入住體驗。從內部裝潢及價位來看，

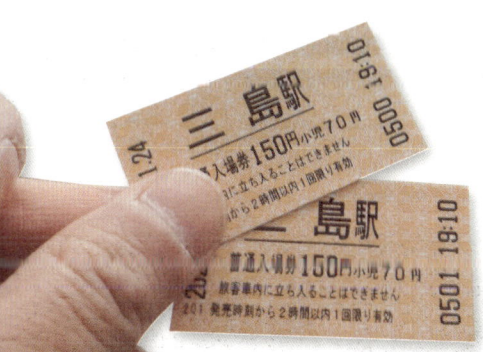

JR三島站南口與北口之間並沒有免費通道，若需往來兩側，可在售票機購買通道票，費用為150日圓。

1 | 位於火車站旁的富士山三島東急飯店。
2 | 我入住的富士山景觀客房，左頁圖就是在這裡拍攝的。
3 | 飯店早餐採自助形式，提供現場烤魚的服務。

031

JR三島站及富士山的夜景,攝於富士山三島東急飯店的客房內。

富士山三島東急飯店明顯較為高級,而且就位在南口旁邊,真的不到一分鐘就能返回飯店。

這座14層樓高的旅館,頂樓設有大浴場及露天風呂,可以完整地遠眺富士山美景。房間方面,旅客可以選擇10樓以上朝北的房間,都能欣賞到富士山景觀。雖然房價較高,但我認為相當值得——尤其房間最吸引人之處就是那片落地大窗,窗前還特別設置了小圓桌和兩張椅子,讓旅客能悠閒地欣賞美景。

平價也能遇富士山——三島 Dormy Inn 飯店

距離南口約5分鐘路程的三島 Dormy Inn 飯店,同樣設有頂樓浴場,但能觀賞富士山的角度和範圍明顯不及東急飯店。房間方面,雖然沒有特別提供富士山景觀房的選項,但我被安排到的房間剛好能看到富士山。儘管房窗不大,卻是個意外的小確幸。平心來說,如果比較不講究景觀因素,這家飯店的其他服務和豐富的早餐,都展現出相當高的 CP 值。

簡單來說,如果是與父母同行,我會建議選擇能保證欣賞富士山美景的東急飯店。至於個人旅行,則可以依照預算或個人喜好來選擇。或者像我這樣,如果有較

三島東急飯店頂樓的公共空間及大浴場皆可遠眺富士山。

1 ｜ 三島 Dormy Inn 飯店的客房。
2 ｜ 飯店距離車站約 5 分鐘的步行路程。
3 ｜ 飯店早餐的特色是有很多款駿河灣鮮魚刺身可以選擇。

推薦「福之軒」串燒店。

長的住宿天數，不妨兩家輪流入住體驗看看。

　　至於餐廳推薦方面，在伊豆箱根鐵道入口旁有一家小巧的「福之軒」串燒店，價格實惠（大部分串燒僅需150日圓），食材品質又好，絕對是值得再訪的好店。另外，東急飯店的大廳位於一樓，地面層和一樓都設有多家不同風格的餐廳。我幾乎都嘗過了，其中一樓有一家主打鰻魚料理的日式餐廳特別出色，這也是我抵達第一天就特地選擇的用餐地點，非常推薦。

information

富士山三島東急飯店 ｜ tokyuhotels.co.jp
三島 Dormy Inn 飯店 ｜ dormy-hotels.com

三島站前往各景點的交通
INFO

1. 富士山世界文化遺產中心、富士本宮淺間大社：
   東海道本線・JR富士宮站 約1小時

2. 伊豆全景公園：
   伊豆箱根鐵道・伊豆長岡站＋巴士／計程車
   約1小時

3. 修善寺溫泉：
   伊豆箱根鐵道・修善寺站＋巴士 約1小時

4. 三島天空步道：
   巴士 約30分鐘

5. 沼津港：
   東海道本線・JR沼津站＋巴士 約40分鐘

6. 山梨縣河口湖及山中湖：
   急行巴士 約1個多小時

7. 城崎海岸、伊豆海洋公園：
   東海道本線→伊東線→伊東急行線・城崎海岸
   站＋巴士 約1個多小時

8. 大室山：
   東海道本線→伊東線→伊東急行線・伊豆高原
   站＋巴士 約1個多小時

建議選擇JR三島站南口一帶的旅館。圖中高高的建築物，是富士山三島東急飯店。

4 伊豆的富士・山與湯
伊豆全景公園與修善寺溫泉一日旅

■伊豆全景公園 ■修善寺溫泉■

離三島市約一小時車程，有兩個以富士山景觀聞名的人氣景點：往南的「伊豆全景公園」，以及往北的「三島天空步道」。這兩處能帶給旅客截然不同的體驗，前者可搭乘纜車登高望遠，後者則能漫步於日本最長的步行吊橋。若再加上周邊的熱門景點，如修善寺溫泉與沼津港，就能規劃一趟結合富士山景觀、古色古香溫泉勝地，以及品嚐新鮮海鮮的兩日行程。

這兩天的行程都以欣賞富士山景觀為主軸，且特別安排在早上出發。一來是因為早晨的光線柔和，適合拍攝風景照片；二來也可避免中午到下午可能出現的逆光情況。本文先介紹第一個建議組合：「伊豆全景公園＋修善寺溫泉」；下一篇則介紹第二個建議組合：「三島天空步道＋沼津港」。

話說回來，這四個景點距離三島市都不算遠，除了參考我的路線外，大家也可以依自己的行程彈性安排。如果純粹想追看富士山，其實在一天之內先搭巴士往北到三島天空步道，再折返三島市，搭火車南下去伊豆全景公園，無論是時間或交通安排，都是完全可行的。

| 一日旅上半場 | ## 在伊豆全景公園望富士

2021 年，伊豆全景公園完成大型整修後重新開幕。恐怕不少人和我一樣，來到這裡後，都誤以為這是個全新的景點——其實伊豆全景公園本身已有一點歷史感，但經過整修後，無論是山腳的纜車站或山上的設施都煥然一新。園區位於海拔 452 公尺的葛城山頂，是伊豆半島上相當知名的景觀公園。

伊豆全景公園的一大亮點，是擁有數個不同視角的

無縫銜接的交通規劃 INFO

這天的主要交通工具是伊豆箱根鐵道。其駿豆線的總站就在 JR 三島站旁，我從飯店出發後，就能輕鬆進入閘口搭車。約半小時後，在伊豆長岡站下車，轉乘巴士即可抵達山腳纜車站。搭纜車上山，從山頂纜車站一出來，就能立即飽覽壯闊景色。這種無縫銜接的交通規劃，確實適合各個年齡層的遊客。不過巴士班次約每小時一班，為了善用旅行時間，我來回都選擇搭乘計程車。

1-2 ｜ 我從三島搭乘伊豆箱根鐵道至伊豆長岡站，再轉乘計程車抵達目的地。

展望台。從搭乘口出來後，首先迎接遊客的是開放式的展望廣場——碧露台，堪稱是整個園區最受歡迎的區域。在此可以飽覽富士山與呈弧形的駿河灣海岸線，還有隔著駿河灣的南阿爾卑斯山等壯闊全景。

登上碧露台遠眺，富士山與駿河灣的弧形海岸盡收眼底。

碧露台最大的特色是以水景打造的景觀空間，中央設有一座長型水池，池邊「永遠」聚集許多遊客排隊，期望拍到從湛藍水池中映照的逆富士。與碧露台相鄰的葛城神社，是葛城山名稱的由來。約千年前建造的葛城神社被移祀到山頂上，在尚未設置纜車的年代，據說信眾都是從山腳下一步一步地登頂上來參拜。

　　至於位於碧露台附近的免費「富士見の足湯」，對我來說，可說是另一種形式的「觀景台」，也極受其他遊客歡迎。遊客脫下鞋子後，就能一邊泡足湯，一邊欣賞眼前的富士山美景。現場售有100日圓的毛巾，遊客可依需求購買。另外，還有一個展望台，位於山頂，只需沿著緩坡步道輕鬆走一段路就能抵達，站在更高處欣賞更加壯闊的景色。

　　在碧露台不僅能欣賞美景，還能品嘗特色飲品與甜點，「葛城咖啡」和「葛城茶寮」是廣場上的兩大選擇。我選擇了葛城茶寮，坐在戶外的觀景席上，一邊眺望風景，一邊享用靜岡產綠茶及富士山造型的甜點。

在葛城茶寮品嘗靜岡產綠茶與富士山造型的甜點。

1 ｜ 攝於廣場池邊的另一端，遊客正在此處排隊拍照。
2 ｜ 小巧的葛城神社。葛城山即以這座神社命名。
3 ｜ 旅客在此一邊泡足湯，一邊欣賞美景。
4 ｜ 園區內最高處的展望台。

039

由於山上主要提供簡餐，想享用正式午餐的話，不妨回到山腳纜車站，除了有販售各式各樣富士山紀念品的商店外，還有一家提供精緻美味料理的西式餐廳。我打算在下一站才用午餐，所以回到伊豆長岡站後，就馬上搭上伊豆箱根鐵道，繼續前往修善寺總站。

上世紀的工業遺址

韭山反應爐。（翻攝自伊豆長岡站前的觀光中心）

伊豆長岡有一個特殊景點，可惜因行程限制，我無法造訪。據說19世紀末，日本為了避免遭受西方殖民，致力鑄造大砲，先後建造了多座反射爐——這是煉製金屬的必要設施，目的是溶解鐵金屬來製造大砲。時至今日，伊豆長岡附近的「韭山反射爐」是日本唯一現存且可運作的反射爐。2015年，韭山反射爐作為「日本明治工業革命遺址」的一部分，被列為世界文化遺產。遊客可在伊豆長岡站外的觀光中心，查詢參觀導覽館的資訊。

茶寮提供戶外席，讓旅人品嘗只有這裡才吃得到的美味，同時飽覽富士山風光。

| 一日旅下半場 | **在修善寺溫泉泡古湯**

修善寺溫泉站。

「修善寺」、「修善寺溫泉」與「修禪寺」這幾個相近的名稱，時常容易讓人混淆。伊豆箱根鐵道載我來到「修善寺站」（車站與整個地區的名稱），再轉搭巴士抵達「修善寺溫泉」（目的地），兩趟車程加起來共需約一小時。在這座古色古香的溫泉小鎮上，有一所歷史悠久的「修禪寺」（古寺）。地名「修善寺」即源自於「修禪寺」，而「修禪寺」可說是這個地區的「起源」。

擁有超過 1,200 年歷史的修善寺溫泉，與「伊豆山溫泉」、「伊豆長岡溫泉」並列為伊豆三大古湯。從東京搭新幹線至三島（50 分鐘），接著轉乘伊豆箱根鐵道到修善寺站（37 分鐘），再搭 10 分鐘左右的巴士，就能抵達修善寺溫泉。交通時間不到兩個半小時，是東京近郊「一日之旅」或「兩天一夜輕旅行」的熱門選擇。值得一提的是，日劇《月薪嬌妻》的男女主角也是搭乘伊豆箱根鐵道前往修善寺溫泉。

修禪寺由日本佛教重要人物弘法大師所創建。

修善寺溫泉鎮並沒有什麼廣闊的大景（正好與伊豆全景公園形成有趣的景觀對比），幾個代表景點近在咫尺，輕鬆散步即可抵達，很適合這趟半日散策。當然，若想深度探索歷史情懷，非常推薦入住鎮上被列為國家有形文化財產級的「新井旅館」，悠哉享受溫泉與美食。即使在冬日，造訪小鎮的遊客也不少。我在溫泉街走走，發現這座小鎮沒有喧鬧的商業氣息，而且出奇的，似乎很少見到便利商店的蹤影。

　　小鎮散策的第一站是日枝神社，它原本屬於修禪寺，直到明治維新推行神佛分離才分為兩處。日枝神社以往是修禪寺的鬼門，是寺內負責鎮守妖邪的神社。造訪當

日枝神社原屬於修禪寺，現分為兩處，並各有入口。

日枝神社與神社內的巨木。

漫步桂川河畔，一座座朱紅色的橋梁點綴其中，每走過一座橋都能停下腳步，欣賞不同角度的河溪風光。

天，竟看到入口旁的樹木滿布火紅色的楓葉，蔚為奇觀。神社內聳立著象徵夫婦杉的大樹，及被靜岡縣指定為天然紀念物的巨木，給我特別深刻的印象。

接著，沿著貫穿小鎮的河道「桂川」散步，前往熱鬧的溫泉街中段，周邊散落著茶屋、小店鋪與溫泉旅館。途中會經過數道漆上朱紅色、格外醒目的橋梁，我逐一走訪，站在每座橋上都能欣賞優雅的河溪景色。

其中，位於街區中段的虎溪橋，不僅能觀賞小鎮全景，還能看到川畔有一塊巨石，石上建有一座涼亭，那裡就是「獨鈷之湯」。若想近距離觀賞這座千年之湯，可走下樓梯，但要注意這裡不提供遊客泡湯，需到旁邊的河原湯才能泡腳。

源自一顆孝心的獨鈷之湯

相傳 1,200 年前，弘法大師「空海」造訪此地時，遇見一名孝子用河水為重病的父親洗浴。由於河水很冷，他使用佛教法器「獨鈷杵」敲碎河岩，隨即湧出熱騰騰的溫泉，那名父親的疾病也因此痊癒。從此，這座名為「獨鈷之湯」的泉眼千餘年不竭，成為伊豆最古老的溫泉。

1 ｜ 千年不竭的「獨鈷之湯」，是伊豆最古老的溫泉。
2 ｜ 遊客可在獨鈷之湯旁的河原湯泡腳。

坐落於溫泉街核心區域的修禪寺，如今是遊客必訪的景點，難以想像昔日曾是政治鬥爭史上的「殺戮舞台」。

同樣位於溫泉街中段的修禪寺，當年由弘法大師一手創建。我事前閱讀了一些歷史資料，親自造訪此地的心情因而格外不同。在歷史上，這裡是鎌倉幕府源氏家族權力鬥爭的重要舞台——幕府第一代將軍源賴朝因懷疑兄弟源範賴有謀反之心，便將他監禁於寺內；後來源賴朝墜馬而死（或一說為遭人謀殺，此為歷史懸案）。源賴朝去世後，很有才幹的第二代將軍源賴家繼位，其母親正是以手段極為毒辣聞名的北条政子，「唐朝有武則天，日本有北条政子」這種說法不脛而走。據聞源賴家便是遭外祖父北条時政命人殺害，死時年僅23歲，其墓地同樣在這座寺廟內。這座看似寧靜祥和的修禪寺，卻隱藏著一段段刀光劍影的血腥政治史，不禁令人唏噓。

　　離開修禪寺往前走，竹林小徑就在不遠處。這段僅有300多公尺的散步道，曾獲得《米其林綠色指南日本版》二星級的評價，是一條難得沒被觀光客擠得人山人海的竹林小徑（可視為京都嵐山竹林的小型版）。

　　這天，我便在這條幽靜的竹林小道上盡情地享受著空氣中的清新竹香，悠閒放鬆地結束了這趟一日之旅。

information

伊豆全景公園 | panoramapark.co.jp
修禪寺 | shuzenji-temple.jp

竹林小徑、河溪、朱紅色橋梁與紅葉，交織成一幅難忘的溫泉勝地美景。

5 伊豆的富士・天與海

三島天空步道與沼津港一日旅

■三島天空步道 ■沼津港

以欣賞富士山景觀為主軸的第二趟一日旅，是「三島天空步道＋沼津港」的組合。由於連續兩天造訪了伊豆全景公園與三島天空步道這兩處主打觀賞富士山的人氣景點，因此我也會在文末特別分享兩者的特色差異。

| 一日旅上半場 | **在三島天空步道越富士**

　　三島天空步道（三島SKYWALK）於2015年啟用，是靜岡縣較新的景點。其全名為「箱根西麓三島大吊橋」，以全長400公尺的長度橫跨山谷，超越了原本由九重夢大吊橋保持的390公尺紀錄，成為日本最長的人行橋，同時也晉身為靜岡地區觀賞富士山的熱門景點。

　　購票進入園區後，沿著一段小路就能輕鬆抵達大橋入口。入口右側是主展望台，設有地標供遊客拍照，現場還有攝影人員提供免費的拍攝服務，若需要沖洗紀念照，價格也在合理範圍內。此外，大橋入口左側的小山坡設有階梯可供攀登，登上後能拍攝到大吊橋與富士山同框的美景。

　　大吊橋離地約70公尺，主塔高44公尺，橫跨的山谷周邊沒有任何遮蔽，視野極為開闊。造訪當天的天氣晴朗，在湛藍的天空下，眼前盡是期待已久的美景——綿延起伏的伊豆山巒、覆蓋白雪的富士山，以及遼闊的駿河灣，壯闊景致盡收眼底。橋面寬1.6公尺，剛好容納兩人並行，當天遊客不算太多，可以悠閒地在各處停留拍照。一邊走、一邊轉換角度欣賞富士山之美，途中偶

從東京到三島天空步道 INFO

前往三島天空步道的交通相當便利，從三島市出發，只需在車站南口的5號站牌搭乘公車，公車平均一小時一班，約20多分鐘即可抵達。若從東京出發，加上搭乘新幹線至三島的50分鐘，總車程也不過90分鐘。相較於同樣以富士山景觀聞名的伊豆全景公園，不僅所需時間更短，轉乘次數也更少。

前往三島天空步道的三島站南口公車站。

在藍天的映襯下，伊豆山巒、雪頂富士山與遼闊駿河灣盡收眼底。橋面足供兩人並肩，可以慢慢欣賞美景，盡情拍照。

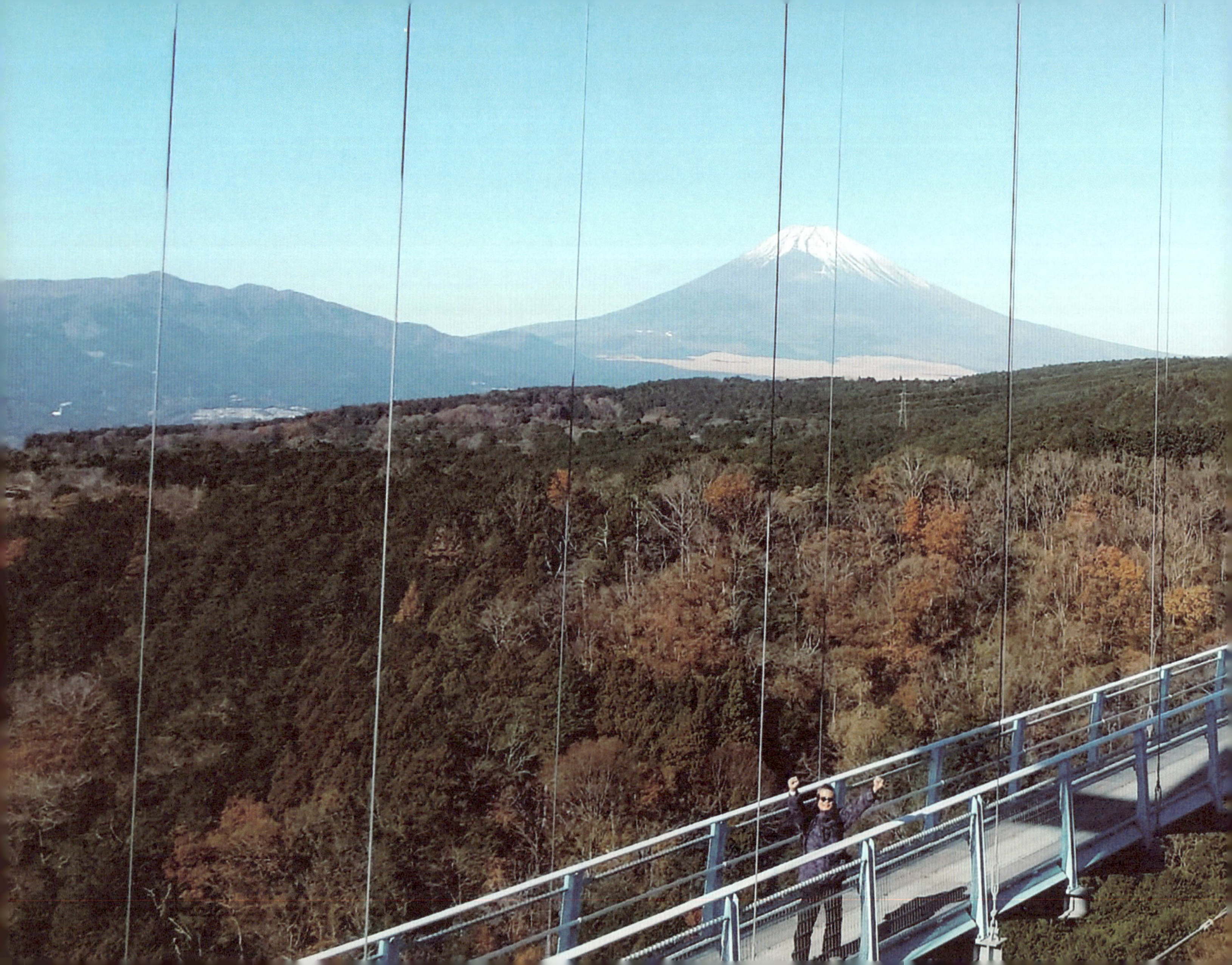

這幅景色或許才是三島天空步道最吸引人之處，吊橋的纜線將視野隔成幾個區塊，像是在欣賞屏風畫般，呈現出非常獨特的景致。

爾感受到的橋體搖晃，更增添幾分有趣的體驗。

　　吊橋的另一端，是遊客逗留時間最長的區域，設施相當豐富：有咖啡店、餐廳、商店，還有深受孩童喜愛的貓頭鷹博物館。此外，這裡提供多項動感十足的付費體驗活動，包括高空滑索、森林攀爬冒險、森林越野車及電動滑板車等。每項活動約需一個多小時，若要體驗多項活動，這裡絕對能讓遊客盡興玩上一整天。

　　其中最受歡迎的，莫過於高空滑索，費用約 5,000 日圓。滑索全長達 560 公尺，遊客可從吊橋旁直接飛越山谷，回程時更能直接面對富士山，體驗相當特別。由於活動人氣很高，強力建議事先預約付款，現場報名的話可能要等很久才能玩到。

　　「高空滑索搭配富士山景觀」必定是絕佳體驗，但因為時間有限，我只能選擇一項活動，考慮到我在其他國家已體驗過高空滑索（雖然沒有富士山景觀），便選擇了從未嘗試的森林越野車。這項一小時、費用同樣約 5,000 日圓的體驗分為兩個部分：前 20 分鐘由導遊指導操作要領，剩餘時間則在導遊的陪同下進行實地體驗。

　　當天共有 6 名參加者（車隊上限 10 人）。導遊特別強調行駛過程中禁止拍照，並要求車輛之間務必保持安全距離。我們浩浩蕩蕩地駛入森林，在專門的越野車道上展開冒險。簡單來說，這趟體驗不僅讓我享受到在森林中駕駛越野車的快感，更因為路線設計由淺入深，包含寬窄不一的車道、上下起伏的坡度，以及尾段特別密集的彎道，使得整個過程充滿挑戰性，讓我最後帶著滿滿的成就感結束行程。

1 ｜ 極受歡迎的高空滑索從大吊橋旁飛過去。
2 ｜ 現場也有提供越野單車出租。

1-2 ｜ 我選擇了從未體驗過的森林越野車，導遊先逐一指導每位參加者，接著大家在她的陪同下一同往森林出發。

| 一日旅下半場 | **在沼津港啖海鮮**

沼津港被形容為「地處日本最深海灣駿河灣和日本第一高山富士山之間的海鮮寶庫」，簡單來說，就是可以在海港旁品嚐新鮮捕獲的海鮮。從三島前往相當方便，只需搭乘JR電車一站，在JR沼津站前的1號站轉搭巴士，班次密集，約十多分鐘即可抵達沼津港站。我從三島天空步道出發，車程約一小時。

沼津港的觀光範圍主要包括品嚐海鮮、購買海產、搭乘沼津港遊覽船，以及地標性的巨型水門。第一部分

1-2 │ 來到靜岡旅行，想造訪海港買海鮮、吃海鮮，首選就是沼津港。

就像知名的函館朝市，這裡有沼津港魚市場食堂街（下車就能看到），裡面有很多店家可以買海鮮、吃海鮮，周邊街道也遍布海鮮餐廳。我抵達沼津港時，已接近下午2點半，這個時間在我預期之內，只是沒想到冬季平日期間，不少餐廳與店家已經開始準備休息。幸好，我找到一家營業到下午4點的「海鮮丼 佐政」。

1-2 │ 沼津港不只能大啖新鮮海產，還可搭乘遊覽船暢遊港區，最後也別忘了參觀港口地標——雄偉的巨型水門。

1-2｜我很滿足地享用了「深海丼」（圖❶）和「伊豆金目鯛の湯引き丼」（圖❷），每份套餐約 2,500 日圓。

我該點什麼好呢？沼津港位於日本最深的駿河灣，以捕獲深海魚聞名，鯖魚、竹莢魚、沙丁魚、鰹魚等都是這裡最主要的漁獲，也是熱門食材。菜單上的招牌料理有「深海丼」和「伊豆金目鯛の湯引き丼」，立刻吸引我的目光。前者是由上述幾種熱門刺身組成的丼飯，後者則是使用產於伊豆半島南部附近的高級魚種——金目鯛。

這次只是隨緣走進「海鮮丼 佐政」，我事前並未看過任何食評。雖然無法判斷是否為「當日現撈」的海鮮料理（這一帶餐廳都如此標榜），但以每份套餐 2,500 日圓左右的價格來說算是物超所值，所有刺身都肉質細嫩，吃起來真的充滿海洋鮮味，讓我很滿足。

我原本也考慮搭乘沼津港遊覽船，主要是繞行著駿河灣內遊覽，天氣好時還能看到富士山，可惜這天用完餐後，最後一班船已經開出了。我便轉往沼津港地標——「沼津港大型展望水門 View-O」。

這座水門是為防止海嘯侵入而建造的，巨大的閘門能在 5 分鐘內完全關閉。遊客可登上 30 公尺高的觀光瞭望台，欣賞富士山和駿河灣的景色，由於開放至晚上 8 點，不少人特地來此觀賞夜景。本來我打算直接前往瞭望台，沒想到途中看見許多攝影愛好者聚集在岸邊——原來這裡可以欣賞到巨型水門與夕陽交織成的夢幻景色！於是我就留在岸邊，觀賞夕陽直到日落。

抓好時間，享受更多！

如果大家像我一樣，在平日時間先去三島天空步道再去沼津港，建議仍早點出門，步道的平日開放時間是早上 9 點。若正值假日或旅遊旺季，還可以提早於 8 點就入場。算一算，漫步走完大吊橋，再加上體驗一項活動，12 點左右離開應該沒問題。這樣一來，中午 1 點便能抵達沼津港，從容品嚐海鮮之餘，還能搭上觀光船。

事前期待，卻無法搭上觀光船，豈料最後意外地看到
「夕陽下的展望水門」的美景，真是當天的小確幸！

遊客正在拍攝夕陽下的沼津港大型展望水門。

在沼津港回首望去，又見到富士山了！

同看富士山，風采各不同

造訪伊豆全景公園與三島天空步道的這兩天，很幸運都遇到好天氣，因此都有看到富士山。從地圖上看，兩處面向富士山的角度相當接近，只是三島天空步道與富士山的距離更近。

景色方面，兩處都標榜能看到「富士山與駿河灣的全景」，而我認為伊豆全景公園的全景更為出色，因為能一覽「富士山與駿河灣相連」的全貌，使用一般手機就能輕易拍到美照。相較之下，三島天空步道可能需要專業相機的超廣角鏡頭，才能完整取景。

然而，三島天空步道最吸引人的景致，既不在橋上，也不在橋入口左側的展望台，而是在右側的小山坡上。走上去便能驚喜地欣賞到「富士山與整座大吊橋同框的全景」，景區的宣傳照正是採用相同的構圖角度拍攝。不過官方宣傳照有其特別之處，拍到了大吊橋的底部。原來，這張照片是在開幕前於一處特殊位置拍攝的，該處並未對外開放。

套一句老話，伊豆全景公園與三島天空步道都值得列入必訪的富士山景點，因為兩處景致各具特色，毫無重複。建議在三島天空步道至少體驗一項動態活動，至於伊豆全景公園則可以放慢腳步，悠閒地享受靜態景觀。

information

三島天空步道 | mishima-skywalk.jp
沼津港魚市場食堂街 | numazuminato.com
沼津港遊覽船 | chidorikanko.co.jp

6 在霧裡追尋富士山
環山中湖單車記

■ 山中湖　■ 山中湖觀光船　■ 長池親水公園

單車旅遊不僅為旅程增添樂趣，更是一種愜意自在又療癒身心的方式。回想多年前的盛夏旅行，我在特別炎熱的四國曾有一趟單車之旅，雖然當時所見的景色如今已變得模糊，但那天汗流浹背的感受依然記憶猶新，這或許也算是那趟單車旅遊的另類「樂趣」。之後幾次的日本旅行都沒有合適的機會，直到這回的「富士山放題之旅」，我終於在山中湖規劃了一趟全天的單車旅程。

賞山中湖最好的方式

山梨縣富士五湖中的河口湖、山中湖、西湖、本栖湖及精進湖，都是富士山世界遺產的一部分。河口湖是其中最廣為人知的景點，也是觀賞富士山景的超級熱門地點。我第一次去看富士山就選擇了河口湖，往後也多次造訪，甚至曾帶父母入住河口湖畔的飯店。

由於河口湖及周邊的富士吉田市有不少遊客，為了不影響旅遊心情，我選擇了其他四湖，這些湖泊遊客較少，讓人能靜謐地欣賞富士山美景。加上山中湖擁有完善的單車道，以及從三島市有急行巴士直達等優勢，種種良好條件相互配合，讓我完全找不到藉口不來一趟「單車環湖賞富士」！

1 ｜ 山中湖沿湖有多家出租小船及單車店。
2 ｜ 一日單車費用為 3,500 日圓，下午 5 點前交還單車。

山中湖單車之旅的規劃 INFO

要完成這趟山中湖單車旅程，交通規劃是關鍵。從靜岡縣的三島市前往山梨縣的山中湖雖然沒有鐵路，但除了自行開車外，富士急行巴士提供了最便利的交通方式。巴士站就位於 JR 三島站南口前，班次相當密集，每小時都有一班車往返，約一個多小時即可直達富士急樂園、山中湖及河口湖三大觀光區。首班車在早上 8:20 發車，不過這班是直達河口湖火車站，不停靠山中湖。

我搭乘的富士急行巴士。

急行巴士採網路預約制，單程票價 2,200 日圓。出發前，我在官網完成來回車票的預訂，並選定座位，去程選擇早上 9:20 的班次（約 10:20 抵達）；由於計畫整天都在山中湖活動，回程則選在山中湖上車（巴士從河口湖火車站發車）。考慮到冬季日落時間約在下午 4 點開始，除非打算在當地餐廳用晚餐，不然選擇下午 5:20 的班次最恰當。這個時間返回三島市約在 7 點前，正好趕上晚餐時間。因為這條急行巴士路線實在太方便了，我曾經認真考慮過從三島前往山中湖住上一晚。巴士站附近就有幾家湖畔旅館，選一間入住便能享受清晨的湖景與富士山美景。可惜因為會影響到後續行程，只好打消念頭。

山中湖是富士五湖中最靠近富士山的湖泊。環湖 15 公里的自行車道平坦好騎,邊騎邊賞富士山景,特別愜意。

山中湖坐落在富士山北側，是富士五湖中最大、海拔最高、也最靠近富士山的湖。湖周約 15 公里，也就是單車環湖的總長度，其中八成的路段都有專屬自行車道，且地勢平坦，這是最大的優點。一般約兩小時就能騎完一圈，但很少旅客會一口氣不間斷地騎到終點。我的計畫除了邊騎邊停下來拍照外，還要搭乘天鵝觀光船，並找間好餐廳慢慢享用美味午餐，所以直接租了一日單車。不過，如果沒有整天時間，或想要更輕鬆地享受這趟單車之旅，租一、兩個小時或半日的單車來遊覽沿湖的主要觀光範圍，也是很棒的體驗。

　　從 Google 地圖上可以看出，山中湖的地形有點像一條鯨魚，頭部在西邊，尾部在東邊，另有三條主要道路連結山中湖，分別位於西邊、南邊及東邊，汽車道及自行車道也都會環湖一周。在眾多的巴士站中，對許多遊客來說很重要的是位於西邊主要道路旁的「富士山山中湖（富士山飯店入口）」，這個小小的路邊車牌是遊覽山中湖的起點。

　　除了一般巴士外，大部分的急行巴士（例如來往東京與河口湖）也會在此停靠（之後離開山中湖）。順帶一提，巴士站名中的「富士山飯店」是指位於湖泊北邊山頂的同名飯店，從湖畔就能遠眺到飯店建築，飯店的接駁車也會來此接送旅客。

　　我一下車就看到美麗的山中湖，穿過馬路即可到達湖畔，無論往左或往右，都有幾家出租小船的店家，同時也經營單車出租，提供一般單車、電動單車或雙人單車等選擇。我沒有特別比較價格，認為差異應該不大，就往左走，選了一家靠近全家便利商店的出租單車店。

下車後回首望去，富士山已映入眼簾。本圖攝於傍晚候車期間。

租一日單車的價格為 3,500 日圓（1 小時 700 日圓，2 小時 1,400 日圓），只收現金，沒有任何手續，最重要的是要在下午 5 點前還車。店員提供一份當地觀光中心製作、精美又豐富的山中湖單車地圖，並挑了座墊比較舒服、性能較好的單車給我，我試騎確認高度後，隨即往南岸出發。

湖畔有幾家出租單車的店家，就用直覺挑一家吧，試好單車，馬上出發！

山中湖的天鵝觀光船。

單車、遊船與美食的山中時光

不過……早上在三島時，我已經遠望到富士山被一大片雲遮蔽了，天氣預報也說全天多雲。由於急行巴士無法退票，加上其他行程無法調整，所以只要沒下雨，即使看不到富士山，我也決定出發。

我的單車路線是從湖泊西岸出發，往南岸騎，再繞到東岸及北岸，最後回到起點。西岸及南岸是整座湖泊最熱鬧的區域，特色餐廳和咖啡店大多集中在西邊，而天鵝觀光船及水陸兩用觀光巴士則在南岸觀光區。

西岸與南岸之間沒有專屬的自行車道，需要騎在車來車往的國道上，這是唯一沒有專屬車道的路段。當天車流量並不大，只需稍加留意、放慢速度，就能安全通過。途中，我停下來拍照好幾次，大約花了一小時才抵達南岸觀光區的旭日丘湖畔綠地公園。我直接把單車停在山中湖觀光船碼頭，搭上天鵝觀光船。

巨型天鵝造型觀光船載著旅客環繞山中湖、觀賞富士山，船程約半小時，我在開闊的露天空間享受微微涼風，相信在晴朗的天氣下，這鐵定是一趟夢幻之旅。雖然我沒打算搭乘水陸兩用觀光巴士，不過出發前一個月，仍好奇先查查官網——果然早早客滿。

我的單車路線規劃：從西岸起跑，前往南岸，再繞到東岸，最後以北岸作結。

❶ **西岸**：巴士站及租車處 ｜ ❷ **南岸**：觀光船及午餐 ｜ ❸ **東岸**：平野之濱 ｜ ❹ **北岸**：長池親水公園

出租單車站店員也給了我一份官方山中湖單車路線圖，可以摺成小本，方便沿途使用。

1-2 ｜ 單車環湖的美好，就是可以隨想隨停，自由自在地欣賞沿途的隱藏美景。

令人意外的是，南岸觀光區的餐廳不多，所幸在走精緻風格的「PICA 山中湖別墅」區內有一家歐式餐廳。店內大量運用原木材質，打造出沉穩舒適的氛圍，食物的品質也與餐廳講究的裝潢相符。在南岸享受了將近兩個小時的愉快時光後，我繼續騎上單車前進。

　至於在山中湖的哪裡可以看到富士山呢？其實東南西北四岸都能看到，只要天氣好，從巴士站走到湖畔就能看到。近年還流行一種風潮──拍攝富士山與便利商店同框的照片，而巴士站附近便有一家 7-ELEVEN，在那裡就能輕易拍到，也不會影響交通。至於騎單車時，只要不是背對富士山或被景物遮蔽，基本上全程都看得到山景。

| 1-3 | PICA 山中湖別墅區內的歐式餐廳。 | 4 | 水陸兩用巴士。 |
| 5 | 東岸的平野之濱，2020 年東京奧運單車公路賽的路線之一。 |

近年流行拍攝富士山與便利商店同框的照片。我在巴士站附近拍到 7-ELEVEN 與富士山的合影。

063

最後與老友重逢的旅程 Ending

　　說到「越過山中湖湖面眺望富士山美姿」的景色，東岸的平野之濱及北岸的長池親水公園是公認的兩大打卡點，其中長池親水公園因為能正面仰望富士山的雄壯景色，成為整個湖泊最佳的觀景區。

　　長池親水公園還有一個特色，就是能觀賞到「逆富士」與「鑽石富士」。「逆富士」指的是富士山倒映在湖面的景色，雖然在其他湖泊也能看到這樣的景致，但要觀賞最完整、最清晰的逆富士，當然是以地勢最高、周邊障礙最少、最靠近富士山的山中湖為首選。

1 | 我在湖泊南岸登上天鵝觀光船，在微風中換個角度欣賞湖光山色。此時船已開到湖中央，晴朗時可直接望見富士山（大概位在右側帽上、被雲遮住的地方）。
2 | 我駛到北岸，不遠處是長池親水公園。

長池親水公園是單車之旅的最後一站，以觀賞「逆富士」和「鑽石富士」聞名。

天鵝與富士山的結合，在我看來是山中湖的一種美麗印記。

「鑽石富士」則更罕見了，因為是期間限定的景色，每年只能在10月中旬到2月下旬看到，而且必須是在太陽剛好通過富士山口、在山口位置發出迷人的光芒時才是最佳時機──大概是冬季下午3點半開始就能拍到。我這趟單車之旅特地把北岸留到最後，就是為了等待「鑽石富士」。也建議大家在日落前抵達長池親水公園，才有機會遇見這幅限定景色。

即使這次因為多雲，一整天沒什麼機會看到富士山，但騎單車環繞山中湖一圈，光是沿途的湖景就已經不虛此行。額外的收穫是，發現了好幾家看起來不錯的湖畔旅館，我也把相關資訊都記下來備用。而最意外的驚喜發生在最後一刻──

當我要離開長池親水公園時，已是日落時分，正打算還車後在便利商店打發時間，抬頭一望，整天籠罩著富士山的雲霧竟開始散去，白雪皚皚的山頂就像許久不見的老朋友與我重逢，向我親切地打起了招呼。加上在出租單車店對面的湖邊，正有幾群天鵝與鴨子悠然戲水，眼前這幅「失而復得」的景色，都讓我和岸邊的旅客看得流連忘返。

這不就是旅行美好的地方嗎？有時候以為見不到的風景，往往在計畫之外不經意地降臨……

information
富士急行巴士｜fujikyucitybus.com
山中湖天鵝觀光船｜yamanakako-yuransen.jp
山中湖水陸兩用觀光巴士｜tw.kaba-bus.com

日落時分，整天籠罩著富士山的雲霧漸漸散去，白雪皚皚的富士山，就像許久不見的老朋友，在路上與我重逢……

7 被神挖一口的抹茶布丁
大室山、城崎海岸一日旅

■大室山 ■伊豆四季花公園 ■城崎海岸

這一天並非是專為富士山所規劃的旅程,而是主要想造訪位於伊豆半島東岸、兩處互有關聯、既有山也有海的自然奇觀——首先,第一站是酷似「抹茶布丁」的大室山(死火山),第二站則是由大室山在 4,000 年前所噴出的熔岩所形成的城崎海岸。

我從三島搭乘 JR 電車到熱海，再轉搭 JR 伊東線與伊豆急行線，最後在伊豆高原站下車。伊豆高原站是沿線的主要車站之一，接著搭乘往大室山方向的東海巴士，車程大約半小時——要特別注意，大室山纜車站並非總站。這條巴士路線在早上的班次較密集，到了中午過後就變成一小時一班了。

順帶一提，天氣晴朗時，在大室山上也能遠眺到富士山喔。

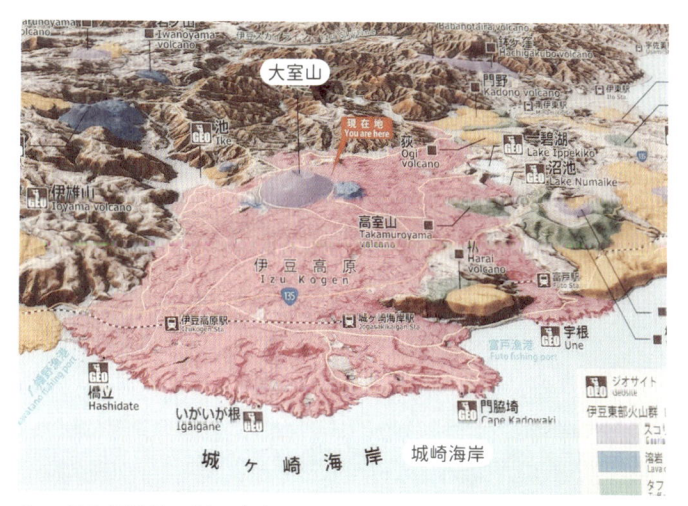

入口處的解說牌，說明大室山於 4,000 年前發生的大規模噴發。圖中的粉色區域是當時熔岩流淌後形成的現今陸地，邊緣正是城崎海岸。

| 一日旅上半場 | **在大室山火山口小健行**

第一次在網路上看到大室山的照片時，我的腦海裡立即浮現出「超級巨大的抹茶布丁」的畫面，山頂還像是被天神挖了一口般地有凹陷呢。這讓我聯想到新海誠的電影《你的名字》中，男女主角穿越時空、最終相見的地點。因為我實在太喜歡這部電影了，雖然大室山並非那經典場景的發想地，但一看到這座翠綠色山體的照片，就燃起了一股非去不可的想望。

海拔 580 公尺的大室山被列為國家天然紀念物，是遠古時期火山爆發後形成的火山口山體，山形呈現優美的倒碗狀。毫無疑問的，夏季是最佳的造訪時機，因為能欣賞到一片令人心曠神怡、感覺柔軟療癒的綠油油美景。為了維持其獨特的山形與景觀，整座山體不見高大喬木，只有矮樹叢和草叢，且禁止遊客攀爬登山，因此搭乘纜車是唯一上山的方式。

遊客搭乘纜車登上大室山。

069

這座巨大的火山口遺跡直徑 300 公尺、山頂周長 1,000 公尺、深度 70 公尺，繞行山頂一圈俗稱「火山口巡禮」，可欣賞 360 度的全景。步道環繞火山口起伏，每個角度都能欣賞到不同風景，伊豆群島、富士山、南阿爾卑斯山、相模灣等遼闊風光盡收眼底。

　　整段步道約需半小時，路況平緩且維護完善，男女老少都能輕鬆享受這趟小健行。途中有「八ヶ岳地藏尊」及「五智如來地藏尊」迎接遊客，前者祈禱海運昌隆（現今所見為新地藏雕像，舊地藏像藏身其後，並以水泥牆保護），後者則是孕婦祈求安產之處。另外，在火山口的山腰處（東側）設有大室山淺間神社，也就是山腳入口處那座巨大鳥居的神社本體，以安產和結緣聞名，供奉結緣之神「磐長姬命」。

1 ｜ 五智如來地藏尊。
2-3 ｜ 在山上步道遇見的淺間神社鳥居。

1-4 ｜宛如巨人的抹茶布丁、也像覆蓋厚厚糖霜般的大室山景色。中央可見填平的火山口，現已改建成射箭場。（翻攝自現場展示圖片）

當我走到步道南端，往火山口望去，完整地看到了整座大室山的樣貌，還看見通往凹陷火山口的樓梯。山上最令人意想不到的設施，就是將火山口填平後建成的射箭場，遊客可在此付費體驗。想到「遊客可在火山口上射箭」這件事，感覺特別有趣。

這次造訪，天色雖然不大晴朗，但能夠登山徜徉在如此開闊的環境下享受大自然奇觀，我的心情依然輕快愉悅。而且我已經想好了，日後要再來兩次：第一次是夏天，自然是為了一償心願，一定要親眼看到真正的「巨大抹茶布丁」；第二次則選在「2月的第二個週日」，為的是參加擁有 700 年歷史的「燒山儀式」。這項儀式最初是為了透過燒山重新種出優質茅草並驅除害蟲，如今已發展成年度的盛大活動。

八ヶ岳地藏尊。

海拔 580 公尺的大室山，晴天時，灰框處的方向可以眺望到富士山。

放把火燒了大室山！

每年都吸引大量遊客前來參觀的燒山儀式，共分為兩部分：焚燒火山口內側的「燒缽」，以及從山腳放火、燒整座山的「燒全山」。「燒缽」於早上 9 點 15 分開始，名額僅 500 名，採先搶先贏的參加方式，參加者可在山頂步道圍觀「燒缽」過程，約 10 點半結束。「燒全山」則在中午 12 點展開，民眾可購買火把一同參與點火。時間一到，大家一起放火，火勢瞬間往山上延燒直至山頂步道，全程僅需 40 分鐘左右。除了纜車下方的山坡和山頂的步道外，整座山的表面和火山口內側的植物全數燒盡、化為黑色，堪稱另類的壯觀景色。

1-2 ｜每年 2 月的燒山儀式是另一種壯觀景色，遊客可以一同參與點火。儀式分為焚燒火山口內側的「燒缽」（圖❶），以及從山腳放火、燒整座山的「燒全山」（圖❷）。（翻攝自現場播放影片）

一日旅下半場 ❶　在伊豆四季花公園賞四季

第二站，我前往全長 9 公里的城崎海岸。這裡有多個入口，最熱門的路段是從最南端入口步行至代表景點「門脇埼燈塔與門脇吊橋」。前往南端入口可從伊豆高原站搭乘巴士，約十多分鐘即可抵達。旅客也可從城崎海岸站（伊豆高原站的前一站）搭乘巴士前往燈塔與吊橋。無論從哪一個車站出發，如果錯過每小時一班的巴士，可考慮搭乘計程車。

公園內的白色建築（餐廳與燈飾博物館）、花卉、大海，構成一幅美麗的景致。

我的起點是大室山，一般路線是搭巴士返回伊豆高原站，再轉乘巴士至城崎海岸南口。不過每天有三班從大室山直達城崎海岸南口的巴士，我剛好搭上 12:45 的班次，省去轉車時間，下午 1 點半左右就抵達目的地了。

下車後，即可看到伊豆四季花公園，這是一座需付費入場的公園，其正門旁有指示牌引導遊客前往城崎海岸步道，但付費花園與步道並不相連。這座濱海公園以四季花卉為主題，數年前重新整修時增設了彩色玻璃燈飾博物館，因此英文名稱改為「New York Lamp Museum & Flower Garden」。當時我正想找個舒適的地方享用午餐，園內的望海餐廳正合我意，便買票入場了。

依山傍海的園區可俯瞰相模灣，還能遠眺城崎海岸的燈塔。我四處走走，發現整體設計用心，裝飾也相當精緻；新設的彩色玻璃燈飾博物館展品十分吸引人，值得當作藝術品細細品味，整體而言算是物超所值。餐廳與博物館相連，主打義式料理，價格合理且品質不錯，我就這樣望著大海，度過了愜意的午餐時光。

公園最大的特色是四季皆有花卉盛開，無論何時到訪都能欣賞到當季代表性的花朵。園內設有一座大型玫瑰園，5、6 月的玫瑰花季期間可欣賞到各種顏色、形狀與香味的玫瑰。另一個亮點是繡球花園，大量色彩繽紛

1-2 ｜ 望海餐廳的戶外與室內用餐區。　　3 ｜ 彩色玻璃燈飾博物館。
4 ｜ 公園設置了多個適合拍照打卡的裝置，如圖中的白色椅。

的繡球花在 6、7 月的梅雨季節盛開，剛好我夏天要二訪大室山，可順道來欣賞自己特別鍾情的繡球花。

| 一日旅下半場 ❷ | **在城崎海岸望驚濤**

　　大室山在 4,000 年前的大噴發中，向東南方流出大量熔岩，將約 4 公里的海域填平。熔岩冷卻後，在海水侵蝕與交互作用下，形成了獨特的岩岸地貌。綿延約 9 公里的城崎海岸，其海面上隆起數十公尺高的斷岩，已獲聯合國教科文組織認定為世界地質公園。遊客可在此欣賞海岸陡峭絕壁與一望無際的大海，親身感受大自然奇蹟的壯麗。

城崎海岸的步道分為濱海步道與森林步道，我選擇了前者，為了近距離觀賞獨特的奇岩地貌與寧靜的大海。

全長 4 公里的城崎海岸，經典散策路線是以最南端的入口走至門脇吊橋作結。

從伊豆四季花公園旁的最南端入口，步行至知名景點門脇埼燈塔與門脇吊橋，路程約占全程的四分之一，是最受歡迎的路段。部分遊客則會直接前往燈塔與吊橋，集中在周邊漫步。

從南端入口展開的城崎海岸健行，步道分為濱海步道與森林步道兩條路線，各具不同風貌。前者需時 30 多分鐘，後者約 20 多分鐘。既然此行目的是欣賞奇岩景色，我便選擇濱海步道。

走在濱海步道，可遠眺城崎海岸與燈塔的全景。

步道高低起伏不大，走起來相當輕鬆。沿途人潮不多，我享受著獨自健行的寧靜氛圍。濱海路線不時可遠眺島嶼，相當療癒；走至中段時，已能望見遠方探出頭來的門脇埼燈塔。途中偶遇幾處洞口，從中俯視可見下方的海水與岩石。走到尾段時，兩條步道會匯流成一條路，不久即可看到燈塔全貌。高約 17 公尺的門脇埼燈塔外觀潔白醒目，遊客原本可以自由登上展望台遠眺大室山，可惜當天沒有開放。

　　經過燈塔後，映入眼簾的是伊豆著名的景點門脇吊橋。這座長 48 公尺、高 23 公尺的吊橋，最多可承載約 100 人。橋下方可見海浪奔湧，走過時能感受到橋身輕微晃動，而從燈塔側的橋頭眺望周邊的斷岩海岸，也是驚濤拍岸的壯觀景致。儘管吊橋上能欣賞這些美景，但據說這裡也是知名的自殺勝地……入口兩側牆壁都貼有珍惜生命的標語。

　　門脇吊橋與大海同框的景色是城崎海岸的招牌，常見於官方宣傳照上。然而，在橋上或兩旁都拍攝不到理想角度，需要走到外側停車場的特定位置，才能捕捉到吊橋橫跨於海平線上的完整畫面。

　　我滿足地拍完照後，剛好看見附近有計程車，便查看車站班次，立即請司機載我前往城崎海岸站，無縫接軌地搭上返程列車，為整趟三島之旅畫下句點。

1-3 ｜ 門脇吊橋是伊豆的著名景點，這座高 23 公尺的吊橋懸掛在清澈海灣與奇岩上方，走在其上俯望，可見海浪奔湧。

門脇埼燈塔、門脇吊橋與大海同框的景色，是城崎海岸的經典景致，也為我的三島旅程留下富士山景色以外的特別篇！

information

大室山｜omuroyama.com
伊豆四季花公園｜nylfmuseum.com

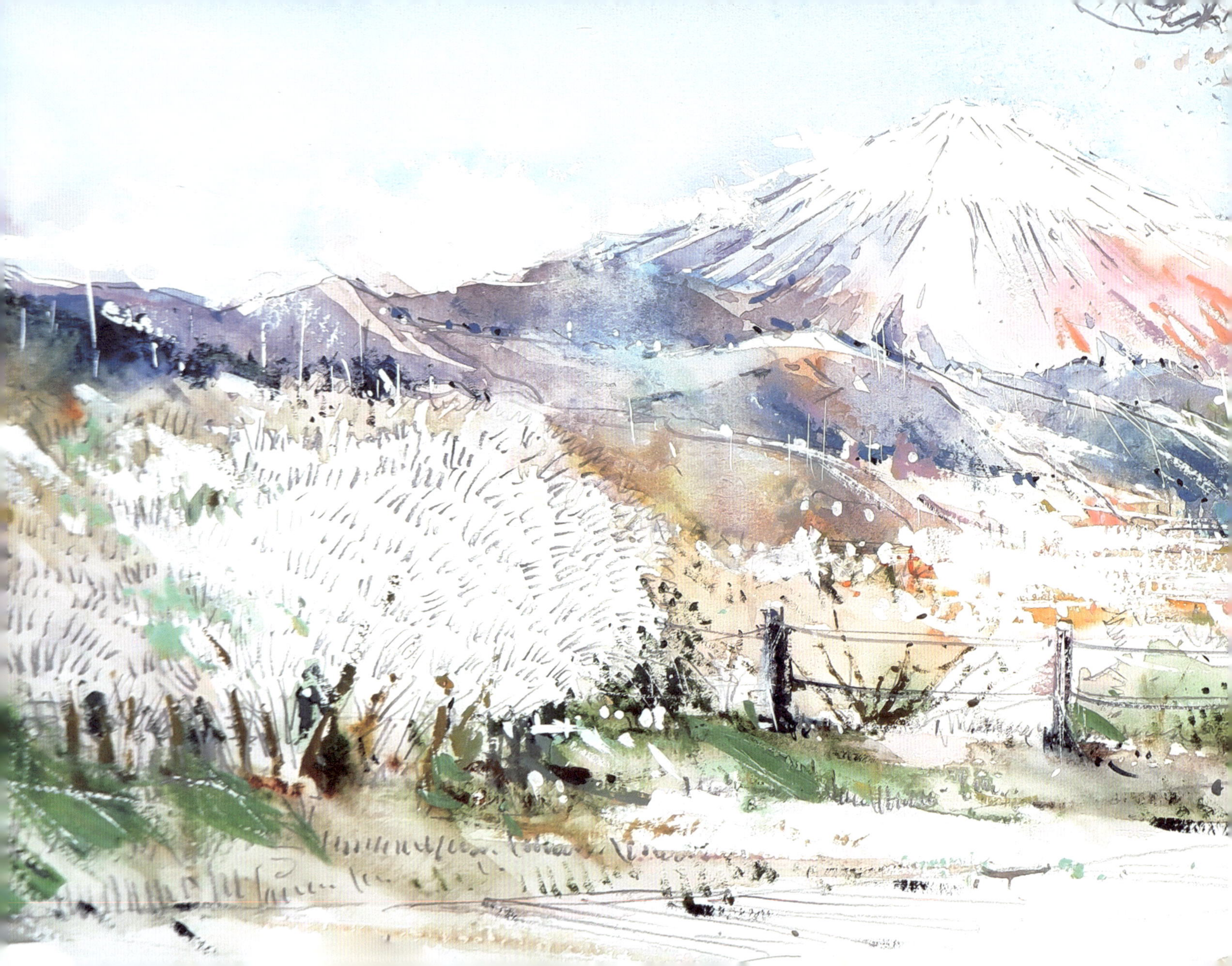

2 追訪富士山の旅

靜岡縣靜岡市

1 他方難以媲美的地平線
飽覽日本平 360 度絕景

■日本平夢展望露台 ■久能山東照宮■

　　靜岡市堪稱是讓富士山與大海對話的城市。多年前，我曾短暫造訪靜岡清水港，純粹是為了遊覽櫻桃小丸子樂園。這一回，我帶著行李告別三島市，搭上新幹線再訪靜岡市，主要是為了參觀建築大師隈研吾設計的日本平夢展望露台，以及構成富士山世界文化遺產 25 處之一的三保松原。這兩處都是觀賞富士山的著名景點。

由於兩處景點都不在靜岡市中心，需要從JR靜岡站轉乘其他交通工具前往，因此一般住宿多選擇JR靜岡站周邊的旅館較為便利。火車站本身與大型購物商場相連，無論是步出南口或北口都是熱鬧的市區，有多家不同等級的飯店可供選擇，要找到合適的住處並不困難。住上兩個晚上，便能輕鬆完成這趟富士山之旅。

盡覽靜岡八方美景的日本平

日本平是一座丘陵地，位於靜岡市清水區附近的有度山（海拔307公尺）山頂及周邊一帶，已被指定為縣立自然公園，這一帶廣植茶園及蜜柑園。這片丘陵地在過去10萬年間，經歷多次劇烈的地殼變動，才隆起至300公尺高，這段地理歷史可在日本平夢展望露台一樓展區中了解。日本平的日語稱作「Nihondaira」，名稱源自彌生時代，日本武尊東征平定亂賊後，登上此處遠眺四方而得名。

日本平擁有360度全景視野，能遠眺富士山、駿河灣及伊豆半島，在日本觀光地白選評比中多次獲得第一，2016年更被評選為「日本夜景遺產」。這裡也是木村拓哉主演日劇《華麗一族》的取景地點。

此地之所以叫「日本平」，是因為日本武尊平定四方亂賊後，登上這座丘陵地遠眺四方而得名。

1-2 | 旅客在JR靜岡站搭乘巴士，車程約40分鐘，在終站日本平纜車站下車，走5分鐘即可抵達展望台。

由於這裡的夜景聲名遠播，我決定住在山上。第一晚，我選擇入住被譽為「風景博物館」的日本平飯店，這是日本平唯一的旅館，房間正對著一級富士山美景，本身就是一處值得探訪的景點，我會另闢專文介紹。第二晚則改住在JR靜岡站南口旁的飯店。

前往日本平相當便利，只需在JR靜岡站南口搭乘巴士即可，每小時一班，約40分鐘就能抵達日本平夢展望

露台。若是入住日本平飯店的旅客,更可選擇搭乘旅館提供的專車。我是先抵達飯店放下行李,步行約10分鐘前往展望台,再坐纜車過去參訪久能山東照宮。

在日本平築起的建築美學

日本平夢展望露台是山上的新興景點,落成只有數年。抵達後,我才發現一個小驚喜——竟是免費入場!

這座三層樓高的建築大量採用靜岡縣產的木材,充分展現建築大師隈研吾一貫的與大自然相融的風格。一樓是認識日本平、久能山東照宮等文化與歷史的展示區,其中介紹日本平起源的影片相當值得停下腳步觀看。二樓設有一間擁有大片落地窗的咖啡店,我很幸運地找到空位坐下,立即點了店內限定的靜岡茶與美味甜點,一邊細細品嘗,一邊愜意地欣賞窗外風景。而最特別的是三樓的展望台,記得一定要抬頭欣賞由多根木材縱橫交錯組合而成的屋頂,可以感受到日本傳統木製建築之美。

登上360度的半露天展望迴廊,旅人可遊走在露天長廊上,遠眺壯觀的富士山景。

1-3 | 建議在展望台後回到二樓的茶房，點杯日本平煎茶與靜岡產抹茶鬆餅，繼續觀賞近在眼前的富士山。

4 | 把握與每幅景色的一期一會，悠然地眺望富士山、清水港、駿河灣、三保松原組成的無比遼闊美景。

083

這趟旅程雖然走訪了不少能看到富士山的地方，但在靜岡市與日本平所見的富士山特別令人難忘。

三樓還設有八角展望台與一條約 200 公尺長的迴廊，遊客漫步一圈，便能360度飽覽四周景色。午後天氣晴朗，我盡情地在這裡享受著美景與陽光，幸福感滿溢——尤其隔天多雲，富士山都沒露臉，更襯托出這天的珍貴與美好。這趟旅程雖然走訪了不少能看到富士山的地方，但在日本平所見的富士山特別令人難忘。從這裡不只能看到富士山，還能一覽駿河灣、清水港、伊豆半島到南阿爾卑斯山的景致，如此豐富的層次，是其他地方難以媲美的。

久能山上的德川印記

　　離開展望台後，我走到不遠處的日本平纜車站。我們所在的有度山，其南麓有一座海拔 270 公尺的久能山，上面矗立著 2010 年被登錄為日本國寶的久能山東照宮。由於通往東照宮並無道路可達，搭乘纜車是最便捷的方式；另一個選擇則是從久能山山下攀登 1,159 階石梯而上。精緻的纜車車廂上印有德川家族的三葉葵家徽，遊客切勿錯過這短短數分鐘的車程，可以在空中俯瞰鬼斧神工的屏風岩和湛藍的駿河灣。

久能山東照宮是全日本第一座東照宮。

第一座東照宮在久能山 NOTE

久能山東照宮之所以聞名，是因為它是第一座東照宮。德川家康傳奇的一生有著說不完的故事，他的晚年就在駿府（今靜岡市）度過。1616年家康離世，按其遺願安葬於久能山，後人建立「東照社」祭拜他。翌年，他受封為「東照大權現」，東照社也因此改名為「東照宮」。其後日本各地陸續建造多座東照宮，其中栃木日光東照宮、靜岡久能山東照宮、埼玉仙波東照宮，被譽為「日本三大東照宮」，而日光東照宮更名列世界文化遺產。

靜岡久能山東照宮是「日本三大東照宮」之一，其國寶社殿擁有超過400年歷史。

　　纜車站就是東照宮的入口了。當時將近黃昏時分，雖然參觀時間不多，但正好因為人潮稀少，讓我能夠自在地觀賞，沉浸在神聖莊嚴的氛圍中。根據手上的資料，我了解到久能山東照宮的建築風格屬於「權現造」，集結了當代最頂尖的建築技術與藝術。仔細觀察建築的裝飾，只見處處是色彩鮮豔且精雕細琢的雕刻，屋頂和外牆以黑色為主，更顯莊嚴隆重。建築師是當時享有盛名的中井正清，據說僅用了一年七個月就高效完工，也因為建築獲得極高評價，從此奠定了全國東照宮的標準樣式。

　　來到宮殿深處，有一條通往德川家康墓地的清幽小徑。雖然他的遺骸早已遷至日光東照宮，但這第一座墓地仍值得造訪。根據資料記載，墓地最初是木造檜皮茅草建築，後來改建為現今所見的石造寶塔。至於日光東照宮的墓地，我曾經去過，那裡也是石造寶塔。只是此時四周已無人跡，也快到下午5點了，最後一班纜車即將開出，我只好從小徑先行折返。

　　造訪過日本平後，我很喜歡這裡，下次也想帶父母來一趟，與他們一同住在日本平飯店。到時，我會安排充足的時間，好好參觀久能山東照宮，而且這次完全沒看到的久能山東照宮博物館也想進去看看。據說博物館收藏了歷代德川將軍的武器、手寫文物、藝術品等共

1-2　東照宮的建築以色彩鮮豔、精雕細琢的雕刻為特色，輔以黑色主調，彰顯莊嚴隆重的氣派。

3　通往德川家康墓地的最後一段路徑格外清幽。

2,000多件珍品，其中由西班牙國王贈予德川家康的西式金色時鐘更是鎮館之寶。

　　有太多太多的想望，就讓我留待下次吧！

久能山面向大海，旅客可選擇沿石階梯上山或下山。

information

日本平夢展望露台｜nihondaira-yume-terrace.jp
日本平索道纜車｜ropeway.shizutetsu.co.jp
久能山東照宮｜toshogu.or.jp

2 富士山就是房間的窗景
日本平飯店的入住體驗

■ 日本平飯店

前文提到，在日本平夢展望露台可遠眺到富士山全景，也許有人會好奇，那麼和在日本平飯店所能觀賞的富士山相比，兩者有什麼不同呢？

首先，展望台位於整個山區的最高點，而飯店的位置稍低一些，但就觀賞角度而言，並無明顯差異（大家可以比較兩處的照片自行判斷）。以我個人來看，這兩個地點都是山區內觀賞富士山的最佳角度。

當然，入住這家山上唯一的豪華旅館，除了住宿體驗外，更能享受到觀賞富士山日夜不同風貌的多重樂趣。

旅客可透過飯店大廳連綿排列的巨型玻璃窗，將富士山及周邊的壯麗景色盡收眼底。

在落地窗上攤開的富士山全景圖

　　在市區坐上飯店專車，數十分鐘的車程將我帶入一處仙境。一踏入挑高的華麗大廳，立即被這座有如巨型屏風般的落地窗景吸引。眼前一覽無遺的富士山、駿河灣、三保松原、清水港，再加上飯店前方精心修整、散發禪意美學的日式庭園，讓我感受到這家飯店是如何將自然景觀的優勢發揮得淋漓盡致，被譽為「風景美術館」確實恰如其分，毫不誇張。

　　正值中午，天際綻放著一天之中最為蔚藍的冬日陽光，近處的庭園與遠方的富士山都被照得格外通透明亮。即便在網路上早已看過許多照片分享，此時此刻親眼所見的喜悅依舊最為真實強烈！

　　除了喜悅，還多了一份如釋重負的安慰。每當造訪擁有絕景的地方或入住特色旅宿，我都習慣規劃後備方案。這趟旅程原本預計是三天兩夜，但因無法克服的安

排限制，最後改為入住一晚，因此抵達前，一直掛念著入住期間能否遇到好天氣而忐忑不安。直到終於看見期待已久的景致，心中的大石頭才得以放下。

用庭園、山景療癒身心的旅行儀式

日本平飯店創建於 1964 年，現今所見的飯店相當新穎摩登，顯然是近年大規模修建的成果。飯店外圍擁有 15,000 坪的遼闊庭園，日劇《華麗一族》中萬俵家的庭園場景就是在這片大草坪上拍攝的。我放下行李箱後，便在庭園散步，只見遊客們自在愜意地漫步，也有人悠閒地坐在柔軟的草地上聊天，還有小朋友歡樂地跑來跑去。

庭園最遠處聚集著不少人，一看就知道是庭園的打卡熱點，可以拍到絕佳的富士山景觀。庭園留給我十分美好的印象，園內的一草一木都經過細心安排，漫遊其中，讓我再次感受到旅行特有的儀式感。飯後，我都會不自覺地來到草地上，光是散步放空，就已經相當療癒。

1 | 我很喜歡飯店前方的這片大草坪，光是單純漫步其中，就已經很療癒。
2 | 所有富士山景觀房間都設有陽台，頂樓則有觀景餐廳及酒吧。
3-4 | 我入住的是 45 平方公尺的富士山景觀房間，配備寬闊的陽台。

日本平飯店有六層樓，共有 80 間房，分布於三至五樓，六樓則為餐廳和酒吧。房間類型雖有多種，簡單來說可分為兩大類：一是非富士山景觀的 25 平方公尺房間，數量占整體的小部分；另一類則是熱門的富士山景觀房間，主要分為 45、66、87 平方公尺等三種規格。這類房間的特色包含大片無遮蔽視線的玻璃窗、比大廳巨型落地窗更高的觀景位置，以及寬闊的陽台。

　　我住在四樓的富士山景觀房間（45 平方公尺），床位與桌位都能望見富士山正面景色，低座椅也面向落地窗。無論是晚上賞夜景，或清晨看日出，我想每位入住這麼棒的景觀房的旅客，都不會錯過這些美好時刻。

　　11 平方公尺的陽台相當寬敞，還設有座椅可供休憩。我也發現陽台扶手採用較低的設計，能減少觀景時的視線干擾，看得出設計師的用心設想，只為了讓住客能欣賞到最佳的美景。

富士山、清水港及駿河灣組成的燦爛夜景，被列為「日本夜景遺產」。

日出之時，我幸福地坐在床上觀賞富士山全景。

躺在床上欣賞富士山的日與夜

入住日本平飯店，為的就是這一刻──富士山披上晚霞色彩，化作剪影，與清水港街道組成一副燦爛夜景；這幅名列「日本夜景遺產」的日本平著名景致，終於讓我親眼目睹了。觀賞這幅珍貴景致的黃金時段，是從冬季下午5點多的日落開始，直到晚上8點左右。無論你在飯店的哪個角落，或是待在自己的房間，都要把握這段有限的賞景時光，因為8點過後，富士山就會與黑夜完全融為一體，彷彿在大地上突然消失。

接著，我一覺好眠，清晨睜開眼，新的一天開始了。我立即披上外套，走到陽台──只見朝日從伊豆半島的方向升起，靠近海平面的天空從橘色緩緩轉為金色，清水港的建築物在晨光中閃閃發亮。一開始，富士山還籠罩在晨霧中，隨著太陽漸漸升起，濃霧逐漸散去，富士山終於清晰地呈現在眼前！

我真的覺得老天很眷顧我，因為早上8點過後，天空轉為多雲，天色昏暗，富士山就再也沒露過臉了，這更凸顯出清晨美景的珍貴與難得。

其實不少當地人會來飯店享用午餐或下午茶，因此即使行程無法住宿，我也推薦你來此一訪。除了在巨型屏風落地窗前喝咖啡外，也別忘了到飯店前的大草坪散步，還可以串連至日本平夢展望露台與久能山東照宮，步行數分鐘都能抵達，相信這樣的規劃也很充實。

information
日本平飯店 | ndhl.jp

濃霧終於散去,迎來的是藍天白雲,
富士山終於清晰地呈現在眼前。

3 遙望富士山的神聖松原
天人共舞的三保松原

■ 三保松原 ■

靜岡縣的三保松原，與佐賀縣的虹之松原、福井縣的氣比松原合稱為「日本三大松原」，坐落於清水港、向駿河灣延伸的三保半島東岸，是我富士山旅程的最後一站。

如今被指定為日本特別名勝的三保松原，有一個充滿仙氣的傳說——據說富士山深處曾住著一位仙人，三保松原所在的位置因而成為了一座「特別的橋梁」，將祂與凡人的世界連結在一起。久而久之，人們便將三保松原視為通往富士山的重要入口。

後來，許多文學及藝術作品開始描繪三保松原與富士山的共存之美，例如富士山本宮淺間大社的《絹本著色富士曼荼羅圖》，以及江戶時代著名浮世繪畫家歌川廣重的《六十餘州名所圖會》（被列為日本重要文化遺產）、「富士三十六景」之一等等，便都生動描繪了富士山、駿河灣與三保松原的景致。

等待神明降臨的松樹
NOTE

松樹與日本傳統有著深厚的連結，由於松樹即使在寒冬中仍然蒼翠挺拔，而發展出「松樹是等待神明降臨的樹」的說法，也因此形成了在新年期間將松樹擺在門口，讓神明可以在家門前歇腳的習俗，稱為「門松」。松樹在日本藝術中也是重要的常見元素，其獨特的多節枝幹與細長針葉，常被用來比喻為傳遞深沉力量的訊息。

歌川廣重收錄於《六十餘州名所圖會》的〈三保之原〉一作，以三保松原為畫中主角。（圖片來源：維基百科，Public Domain）

神明通往人間的綠色神道

這天,我離開日本平飯店後,先返回靜岡市,才出發前往三保松原。雖然天氣預報表示一整天都將天陰多雲,應該是看不到三保松原的最大看點了——右邊是太平洋蔚藍的海面,左邊是常綠的三保松原,正面則能眺望到覆雪的富士山。但我還是決定按原定計畫前往。

三保松原是構成富士山列入世界遺產名錄的25處景點之一,但它差點「名落孫山」。這個小插曲是這樣的:聯合國教科文組織最初認為三保松原距離富士山太遠(實際距離為45公里,是25處景點中最遠的一個),建議將它從申報名錄中移除。然而日本政府極力爭取,提出更多證據來強調三保松原與富士山密不可分的關係,最終才成功說服各方。

綿延5公里的三保松原雖然有多個入口,但主入口只有一處。前往主入口最常見的方式,是在JR清水站前搭乘巴士,車程約20多分鐘,在「三保松原入口站」下車後,穿過幾戶寧靜的民居,就會先抵達御穗神社——這座神社的信仰與三保松原的羽衣傳說息息相關。以這座古色古香的神社為起點,一路沿著全長約500公尺的神之道延伸至三保松原,整個區域都被列入世界遺產的登錄範圍內。

1 ｜ 與羽衣傳說息息相關的御穗神社。
2 ｜ 當地人用塑膠袋收集掉下來的枯乾松樹針,應用在不同的用途。
3 ｜ 我在三保松原文化創造中心買到了用松樹針製成的紙製紀念品。

1-2 | 我漫步於這條種滿松樹的神之道，盡頭是三保松原的主入口。

　　這條被稱為「常世之神往來經過的道路」的神之道，是一條兩旁種植松樹的木造步道，部分松樹的樹齡已達數百年。步道上設有多處長椅，供遊客休憩或欣賞風景。我就這樣悠閒地在神之道上漫步，走到了三保松原的主入口。

羽衣、松林、富士與蔚藍海岸的共鳴

　　三保松原之所以聞名，除了與富士山有關，也與羽衣傳說有著密切的關係。「羽衣」是日本家喻戶曉的神話，從北海道到沖繩都能聽聞，雖然有不同版本，但大致上都是描述仙女穿著一件能讓她在天空飛翔的「羽衣」（衣裳）的故事。靜岡縣的版本以三保松原為舞台，描述一位仙女為了欣賞三保松原的美景而下凡，當她入浴時，被路過的漁夫拿走掛在松樹枝上的衣裳；經過一番波折後，仙女最終回到天上。後人將那棵掛過仙女衣裳的松樹命名為「羽衣之松」，正是御穗神社供奉的神體。

富士山與三保松原的美麗，連仙女都忍不住下凡觀景。

現在遊客來到主入口，可以看見被圍欄妥善保護的羽衣之松，觀察其外形，彷彿真能看見仙女展現優美舞姿的模樣。不過，眼前所見的，其實是第三代的羽衣之松，第一代在1707年富士寶永山噴發時沉沒於大海中，而樹齡超過650歲的第二代則於2013年枯萎。此處還有幾棵特別巨大壯觀的松樹值得一看，同樣都被圍欄妥善保護著。

1 ｜ 面向海岸的羽車神社，是御穗神社的離宮。
2 ｜ 觀賞第三代羽衣之松的外觀，彷彿能看見仙女優美的舞姿。

主入口外的一大片海岸，正是前面提到「三保松原的最大看點」所在。在這個打卡熱點「富士山眺望地」可以欣賞到「富士山、松林、蔚藍天空、美麗沙灘」共同構成的美景，常見的三保松原觀光海報或明信片便是在此取景。除了這裡，指示牌還標示了另外兩處富士山眺望地——鎌崎與八十地先，從此處往兩側方向行走約400多公尺，即可抵達。

守護三保松原的綠色使命

　　主入口旁的三保松原文化創造中心雖然落成時間僅僅數年，卻成為我當天逗留最久的地方。這裡除了提供觀光資訊外，更是一座內容豐富的展館。展館中關於三保松原與富士山的故事、松樹的生態等主題，都讓我深感興趣。令人震驚的是，100年前這裡的松樹總數高達9萬多棵，但經歷二戰期間的大量採伐後，到2014年竟然大減至僅剩3萬棵。我衷心期盼當

1-2 ｜ 三保松原的主入口有幾棵特別巨大壯觀的松樹，蔚為奇觀。樹齡超過數百年，都被圍欄妥善地保護著。

地積極推動的維護及教育工作能持續發揮成效，不僅要守護這片美麗的土地，更要讓更多人有機會造訪並認識這裡。

　　因為天候的因素，我的三保松原之旅縮減為半天行程。其實清水港區還有許多景點值得一遊，例如櫻桃小丸子樂園（我曾在多年前造訪過），以及從清水港碼頭搭乘觀光船前往三保松原（船上可觀賞富士山）等。這些景點的豐富程度足以規劃成一日遊。因此，如果選在秋高氣爽的日子出發，非常建議大家將上述景點串連成完整的行程。●

1-2 ｜ 三保松原文化創造中心，是我當天停留最久的地方。除了三保松原與富士山的故事外，這裡也著重松樹保育的教育與宣導。
3 ｜ 工作人員正在進行松樹的維護工作。

information

三保松原文化創造中心 ｜ miho-no-matsubara.jp

101

4 感謝富士山給的美好
從靜岡機場返家

■富士山靜岡機場 ■富士夢幻航空

這趟從東京出發的旅程，我選擇不走回頭路，最後規劃從靜岡機場返回香港。據說疫情前，台灣曾有直航航班飛往靜岡機場，期待在不久的將來，這條航線能夠重啟，讓大家有機會深度走訪靜岡縣。

為了方便前往機場，我特地入住了 JR 靜岡站南口、步行約一分鐘距離的 Hotel Prive Shizuoka。選擇這間開業數年的飯店主要有兩個原因：一是從飯店走到火車站北口的機場巴士站只需兩分鐘，交通相當便利；二是飯店設有頂樓大浴場，這點一向很吸引我。

抵達飯店後，我被安排入住在十樓的 25 平方公尺雙人房。雖然和三島 Dormy Inn 飯店一樣，無法自選房型，但我很幸運地獲得了面向富士山的景觀房。步入房間的那一刻，我驚呼連連——

窗外不只能近距離看到 JR 靜岡站月台與新幹線，更驚喜的是，這一日白天鮮少露面的富士山，此刻竟巍然聳立在靜岡市後方，向我打招呼！我就像看到電影結束後的彩蛋的觀眾，忍不住在窗前拍手喝采。

隔天啟程前往機場的路途相當順暢，最受歡迎的方式是從 JR 靜岡站北口搭乘機場特快巴士，約一小時即可輕鬆抵達。抵達後，映入眼簾的是富士山靜岡機場（Mount Fuji Shizuoka Airport）的建築，而機場的名字也暗示著這裡必定能一睹富士山的風采。

果然，還沒入閘，我就在機場三樓的觀景台看到了令人驚豔的畫面——跑道、飛機、工作人員與富士山同框，構築出我這個富士山超級粉絲最愛的景致。

往機場的巴士站。

Hotel Prive Shizuoka。

富士山靜岡機場的正門。

更令人驚喜的是，這裡有一家以此機場為基地的航空公司——富士夢幻航空（Fuji Dream Airline），主要營運從靜岡往返札幌、福岡、鹿兒島等地的日本國內航線。想想看，在以富士山為背景的「機場」，搭乘以富士為名的「飛機」展開旅程，是多麼夢幻的事！

我很喜歡這樣的小型機場，旅客不會太多，離境手續10分鐘內就能完成。在準備登機前的最後時刻，我站在登機閘口遠眺富士山，知道這是這趟旅程最後一次相見的機會。披著白色大衣的富士山彷彿在向我道別，我也在心中默默回應——富士山，謝謝你帶給我這麼美好的旅行時光！

這趟富士山之旅已經在我的記憶中成為一篇別有意義的篇章。

富士山靜岡機場的觀景台。

　　踏上了歸途，不禁回顧起整趟旅程——這次旅行的重點在於避開人潮擁擠的景點，發掘觀賞富士山的獨特視角。除了欣賞美景，也透過參觀展館、神社等方式，更深入地認識富士山及周邊地區的歷史文化。如今，來日本旅遊的門檻已不會太高，要如何玩得獨特、玩得有質感，或許不妨試著放開自己的腳步，多前往那些熱門景點以外的地方景區，你將會發現不同魅力的日本。

　　我想，這趟富士山之旅已在我的記憶中，成為了一篇別具意義的篇章。

information

Hotel Prive Shizuoka | hotel-prive.com
富士山靜岡機場 | mtfuji-shizuokaairport.jp
富士夢幻航空 | fujidream.co.jp

在富士山靜岡機場，直到登機前的最後一刻，依然能夠目送富士山。

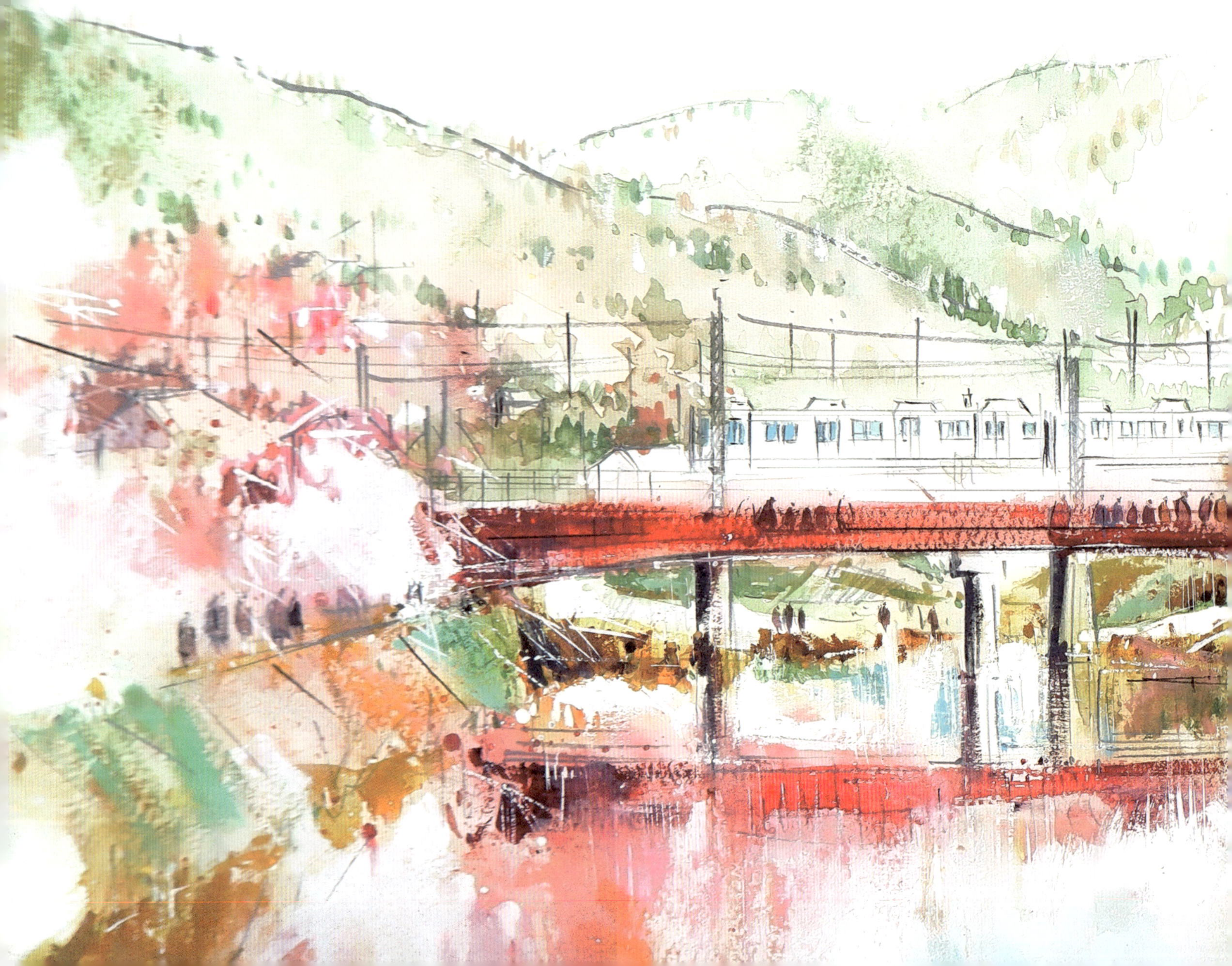

茨城・栃木

3 近郊輕旅行

長野・群馬・伊豆

茨城　適於1日遊・2日遊

1 大洗的晨昏物語
在太平洋晨曦中甦醒的神磯鳥居

■ 大洗磯前神社 ■ 大洗海岸 ■ 國營常陸海濱公園 ■ 水戶偕樂園 ■ 里海邸

不少玩過東京都的旅客，想要延伸景點時，多半會選擇前往周邊縣市，來個一兩天的輕旅行，這種情況下，搭乘JR列車僅需一個多小時即可抵達的茨城縣，會是一個不錯的選擇。一般旅客對位於北關東地區的茨城縣印象，十之八九都與國營常陸海濱公園及水戶偕樂園有關；對我而言，這兩處賞花勝地固然吸引人，但真正開啟我的茨城縣之旅的，卻是來自造訪一座獨特的岩上鳥居，以及入住一家讓我得以融入太平洋的臨海旅館的想望。

在大洗為自己訂一個面海的約定

　　日本神社眾多，特色鳥居更是不勝枚舉。鳥居代表神社的大門，而「海上鳥居」可說是眾多特殊鳥居中的重要類別。提到海上鳥居，人家往往會想到廣島縣的嚴島神社，但在茨城縣東部沿海一帶的大洗町，也有一座海上鳥居——準確地說，這座名為「神磯鳥居」的建築，其實是坐落在海中的岩礁上。

這趟茨城大洗遊的源起，就是為了來到海邊觀賞「立於大海中礁石上的神磯鳥居」！

1-2 ｜ 從 JR 水戶站坐上地方電車，來到大洗站。

最初，我是在網路上偶然看到幾張神磯鳥居的照片。第一幅呈現的是矗立於大海中礁石上的神磯鳥居，背景是一望無際的大海與初升的朝陽相連；另一幅令我印象深刻的，則是飛濺的浪花與神磯鳥居的照片。原來，神磯鳥居矗立在崎嶇的海岸線旁，面向太平洋，長年承受著海浪沖刷。由於朝向太平洋的東方，這裡成為欣賞日出的絕佳地點，每當旭日從東方地平線升起時，陽光便將鳥居染成一片通紅。我毫不猶豫地將神磯鳥居列入下一趟日本之旅的必訪之地。

接著，我更找到一家臨海的特色住宿，讓我能從早到晚舒適地欣賞神磯鳥居在不同時段的風貌。最後，我才將國營常陸海濱公園、水戶偕樂園這兩個知名景點串連在一起，完整規劃出這趟兩天一夜的茨城大洗之旅。

我的茨城大洗之旅
INFO

兩天一夜的茨城大洗之旅，我是這樣規劃的：第一天，先遊覽水戶偕樂園，隨後入住位於大洗町的百年旅館，並探訪大洗主要景點。第二天，造訪國營常陸海濱公園，傍晚返回東京都。

從水戶前往大洗，須搭乘大洗鹿島線，約 16 分鐘可抵達大洗站，不過我選擇搭乘計程車直達位於大洗海岸通的旅館；大洗海岸通是大洗町的主要幹道，地標大洗磯前神社就在附近。當然也可以選擇從大洗站或水戶站，搭乘每一到兩小時一班的巴士前往。

從偕樂園到常陸海濱的春日花見行

我的首站，是先到達茨城縣的首府水戶市。旅客可從上野站搭乘 JR 常磐線，抵達水戶站，最快約 70 分鐘；或者在成田機場搭乘高速巴士直達水戶，甚至也可以選擇直達大洗。

以梅花聞名的水戶偕樂園是我安排的第一個景點，位於水戶站附近，可以在水戶站轉搭巴士，約十多分鐘抵達。此外，水戶偕樂園正門還設有 JR 常磐線的偕樂園站，

偕樂園與石川縣金澤市的兼六園、岡山縣岡山市的後樂園,並稱「日本三大名園」。

這是一座僅在每年 2 月至 3 月梅花季時營運的臨時車站。

至於坐擁花海絕景的國營常陸海濱公園，則被我安排在第二日的上午行程。這座沿太平洋海岸線而建的公園，位於茨城縣常陸那珂市，旅客須在水戶站轉乘 JR 列車至勝田站，再轉搭巴士約 20 分鐘抵達。

這座公園全年綻放著不同花卉，其中最負盛名的是 4 月的藍色粉蝶花、7 月的綠葉掃帚草，以及 11 月的紅葉掃帚草。儘管我造訪當天天色不甚晴朗，且已值粉蝶花

| 1 | 我在玻璃館坐下，陽光穿透進來的柔和光線讓人感覺舒爽。我一邊享用咖啡，一邊觀賞海景。 |
| 2-3 | 4 月的國營常陸海濱公園以觀賞藍色粉蝶花為主，雖然當天已邁入盛開的尾聲，但仍令我感到愉快。 |

國營常陸海濱公園的正門。

梅花季時節的偕樂園，風采一定很典雅。

盛開尾聲，但能在罕見的粉蝶花花海中悠然漫步，再於公園內的「玻璃館」小憩，一邊品味咖啡，一邊透過落地窗眺望無際海景，已讓我心滿意足。

順帶一提，談到觀賞海景，也很推薦從水戶站經勝田站前往的日立站，僅需 28 分鐘車程。雖然此行未能造訪，但仍想推薦這座享有「日本最美車站」美譽的建築——它依海岸線而建，車站設計透明通透，海天融為一體的空間感無限寬闊。

簡言之，水戶偕樂園、國營常陸海濱公園、日立車站以及神磯鳥居，構成了茨城最典型的觀光路線，旅客通常會安排一日內走完。而我選擇的「慢活體驗」，著眼於在大洗的臨海旅館住宿一晚，期待觀賞日出美景。

113

擁抱里海邸‧金波樓本邸的海景

造訪完水戶偕樂園,我便跳上計程車,直達位於幽靜海邊的「里海邸‧金波樓本邸」,剛下車便迎來澄淨的藍天與太平洋的海風。在此與海共生的人們與小鎮,散發著與都市截然不同的氛圍。大洗這一帶畢竟屬於鄉郊地區,多是樸實的民宿與傳統的大旅館,方圓之內除了 400 公尺處的一間 7-ELEVEN 外,幾乎沒有餐廳商家。

儘管如此,當初搜尋到這家旅館時,我的目光仍是為之一亮!「里海邸‧金波樓本邸」原為百年老店,十餘年前由第六代傳人接手,為使旅館永續經營而進行重大革新。整棟建築幾乎由內到外都採用當地檜木及杉木

里海邸旅館正門,相當低調又簡約。

1-2 ｜ 旅館的用餐區。早、晚餐皆以當地新鮮食材烹煮。
3 ｜ 我房間裡的陽台。所有的景色,都深深烙印在我的心中。

站在大洗海岸岸邊,眺望大海與燈塔,
聽著潮聲,讓人心情平靜。

旅館頂樓是泡溫泉的地方。泡完溫泉可以在戶外空間欣賞海上日落。

打造，以溫潤簡約的設計為主軸，不見金碧輝煌的奢華，正合我意。入住這座百年旅館，正是我這趟茨城大洗之旅的第二個目的。

旅館僅設八間客房，皆面向大海，且配備陽台，分布於二、三樓層。我選擇了最小的房型——所謂最小，其實也有 51 平方公尺，更擁有開闊的陽台。較大的客房則配備了面海的半露天風呂，面積達 61 平方公尺；最大的家庭房更有 80 餘平方公尺。能夠入住如此寬闊的旅館，彷彿可以將所有煩憂拋諸腦後，加上隨潮汐變化，呈現不同風貌的海景，整體氛圍格外療癒。

與神磯鳥居共度的日出、日落時光

下榻旅館後，我便漫步到大洗磯前神社。首先映入眼中的是車道旁一座巍峨的灰色鳥居，標示著神社入口。神社主體建築群坐落在小山坡上，站在山丘綠蔭中回望海岸，可以盡覽藍天碧海與蒼翠山林交織的自然美景。

大洗磯前神社建於西元 856 年，現存建築為 17 世紀重建，也有 300 餘年的歷史。神社主祀傳說中創造日本的「大己貴命」與「少彥名命」兩位天神，前者被視為賜福之神，後者則受世人敬仰，為解除疾苦的救世神明。

離開神社後，我沿海岸線步道漫行，可以更近距離地觀賞海上鳥居之姿。此時已經可以見到岸邊聚集了不少遊

大洗磯前神社位於山丘上。

當初在網路上看到這幅飛濺的浪花與神磯鳥居的照片,便留下深刻的印象。如今我終於來到現場,有一種「噢!就是這畫面!」的感動。

人，或以手機拍攝，或架設腳架取景。神磯鳥居本身規模雖不如廣島縣嚴島神社的壯麗，但由鳥居、浩瀚的太平洋、嶙峋的礁岩、洶湧的浪花所渾然天成的整體景致，也是此地最動人之處。如果要說最令人嚮往的景色，當然是這樣的海天景致與旭日東升相映成趣，正因為如此，「神磯鳥居的日出」多年來一直被選為日本祕境百選美景之一。

看過日落後，我回到了旅館。吃過晚飯、泡過溫泉後的我，愜意地在陽台上望著外面——空無一人的岸邊、沒有滿天星空或皎潔的月色，只有那座佇立在礁岩上的鳥居安靜地矗立著。設定好鬧鐘後，在此起彼落的海浪聲伴奏下，我不知不覺地就睡著了。

話說多年以後，直到執筆寫下這篇文章時，才想到自己一直生活在城市裡，即使在國外旅行，也沒有住在海邊的經驗。那次是第一次體驗到，原來住在海邊可以這麼療癒、這麼放鬆地睡上一覺。要不是設好鬧鐘，第二天不知道會睡到 9 點還是 10 點以後呢。

4 月初，大洗海岸的日出時間約在清晨 5 點 20 分左右。剛睡醒的我，滿心期待地打開陽台的門走出去，發現岸邊已經聚集了一些人。只見溫柔的晨光從遠方海平線上緩緩地擴大、變得明亮，岩上的鳥居輪廓也逐漸清晰起來，我的心不禁跟著顫動。當太陽完整地升上地平線時，整座鳥居都被陽光染成一片通紅。

接下來的一個多小時，我都待在陽台上，一邊喝著咖啡，一邊觀賞由初升的朝陽變化至天光普照大地的天空景致，心中湧現了對歲月之美的感動與對未來的盼望。

望著無盡大海，想起一些人、事，也想起一些驀然回首的特別時刻。

information

大洗磯前神社 | oarai-isosakijinja.net
里海邸 | satoumitei.jp
國營常陸海濱公園 | hitachikaihin.jp
水戶偕樂園 | ibaraki-kairakuen.jp

1-5 從清晨 5 點 20 分左右,一路拍到 7 點以後。這一個多小時,我都在陽台上欣賞從日出到陽光普照的天光變化。

茨城　　　　　　　　　　適於2日遊

2 筑波山的日與夜
從關東平原絕景到日本夜景遺產饗宴

■筑波山神社■筑波山■日本夜景遺產■

　　過去的幾趟東京近郊旅程，諸如高尾山、御岳山，都是由東京市中心出發的日歸之旅，傍晚回到熱鬧的都市，還可以繼續享受繽紛的夜生活。但其實我更喜歡住在深山裡的溫泉旅館，完全放鬆身心，投入自然景色。

　　所以某次短期的東京之行，我決定不住在東京都，離開羽田機場後，便馬上前往名列日本百名山的茨城縣筑波山，來一趟兩天一夜的爬山與溫泉之旅。而且在筑波山更可觀賞到被評為「日本夜景遺產」的關東平原夜景，也是我這趟旅程的重點。

東京秋葉原直達筑波山
INFO

選擇住在筑波山，交通便利是一大誘因。旅客可從秋葉原站搭乘地方鐵道的「筑波快線」，約 45 分鐘就能抵達筑波市中心，再轉乘站外巴士，約 30 分鐘即可到達位於半山腰的筑波山神社入口。這裡雖不是正式入口，但設有觀光中心和大鳥居，也是多數搭巴士來登山的旅客選擇下車的地點（因為有兩條登山交通線）。從這裡沿著唯一通往神社的路前進，就能抵達位在神社附近的登山纜車站。

這條唯一通往神社的路其實就是商店街（可惜沒有便利商店），街上有三家規模不小的溫泉旅館。我住的那一家就在靠近筑波山神社入口的位置，下車後走路一分鐘就能到達。我中午抵達旅館，放下行李後就輕裝出發去登山。

1-2　第一天我在羽田機場第三航廈的酒店過夜，清晨離開時，竟然可以遠眺到富士山。

3　我在 JR 秋葉原站轉搭筑波快線，不到一小時便來到筑波市中心。

茨城精彩景點再開發
NOTE

屬於關東地區東北的茨城縣，我曾去過沿海的大洗、國營常陸海濱公園等地，都留下美好的回憶，便覺得應該多去幾次茨城縣，探索其他精彩的景點。其中這三個地方已放進計畫要去的名單中，包括被認定為日本三大瀑布之一的「袋田瀑布」、全球最高的青銅佛像「牛九大佛」（高 120 公尺）、橫跨龍神水庫的「龍神大吊橋」（全長 375 公尺，從湖面到橋面高約 100 公尺）。

兩座山峰的相連與相望

以往的登山旅程，通常是搭纜車上山，走完行程後，再搭纜車下山，但筑波山的登山之旅別具特色，因為這座山擁有男體山（西峰，海拔 871 公尺）和女體山（東峰，海拔 877 公尺）兩座山峰。

1-2 | 我在筑波市中心搭乘巴士，途中可望到筑波山。在「筑波山神社入口站」下車就是觀光中心，除了有提供地圖，也可以在此透過即時影像了解山上情況。
3 | 穿過大鳥居，便是通往神社與男體山登山纜車宮脇站的要道。
4-5 | 這一帶共有三家較具規模的溫泉旅館，我入住的那一家就在入口處。

筑波山神社入口的大鳥居,是鮮明的地標。

自古以來，日本人將整座筑波山視為神體，民眾主要來此祈求家宅平安及婚姻和諧。山下的筑波山神社是拜殿，而在男體山和女體山的山頂上各有一座小型本殿，前者供奉筑波山大神（伊邪那岐命），後者供奉筑波山女大神（伊邪那美命），兩者為夫妻神祇，或許這也是兩座山峰命名的由來。

這兩座山頂便是我接下來要前往的目的地。遊客可以選擇從任一側的纜車上山，而我的旅程則安排在女體山山下的纜車山麓站結束，之後搭巴士返回筑波山神社入口，回到旅館休息。巴士路線相當單純，主要往返於筑波市中心（起點）→筑波山神社入口→女體山山下的纜車山麓站（終點），反向路線亦然。

因此，位於海拔 270 公尺處的筑波山神社便是行程的第一站。從旅館走來只需數分鐘，由於它位於登山纜車始發站「宮脇站」（通往男體山）的必經之路，因此所有登山客都會經過，當地居民也習慣先在神社祈福後才上山。

順帶一提，不搭纜車也可以，整座山共有六條健行登山路線，徒步登山也是可行的選擇。

1 ｜ 往男體山山頂的登山纜車。　　2 ｜ 往男體山的登山步道。
3-4 ｜ 歷史悠久的筑波山神社是登山必經之地。從設有拜殿（圖❹）的山腰延伸至山頂的兩座本殿，神社總共占地 370 公頃，人們主要來此祈求家宅安全及婚姻和諧。

我是這樣安排行程的……

搭乘男體山的登山纜車 ❶ → 抵達男體山觀景區 ❷ → 登上男體山最高點 ❸ → 返回男體山觀景區 ❷

沿著兩山間的步道前進 ❷ → 登上女體山最高點 ❹ → 返回女體山觀景區 ❺ → 搭乘女體山登山纜車下山 ❻

❶ 筑波山神社、登上男體山的登山纜車宮脇站、溫泉旅館。
❷ 男體山觀景區。
❸ 男體山山頂。
❹ 女體山山頂。
❺ 女體山觀景台及登山纜車女體山站。
❻ 女體山山下的登山纜車山麓站。

在筑波市中心搭乘巴士，途中可見筑波山全貌。這座山擁有男體山及女體山兩座山峰，今日我準備攻頂！

用汗水換來的關東平原壯景

　　我抵達男體山觀景區時已過中午，一走出車站就看到排隊下山的人龍綿延不斷，看來至少要等候半小時才能下山。觀景區其實是一片寬闊的平地，無論往北側或南側都能俯瞰關東平原的全貌。這裡有一排小店，還有一座彗星展望台，其中一樓是伴手禮販賣店，二樓是食堂，三樓的屋頂則是免費觀景台，可以360度環視周遭美景，不打算登頂的人也可在此遠眺。

　　接下來，有兩個方向可選擇：一是通往女體山的連接步道，從這裡可以遠眺女體山的最高點和纜車站，這是我稍後要前進的方向；另一個方向則是在登山纜車站旁，通往男體山山頂的山路。根據官方地圖標示，攻頂約需15分鐘，而我目測那個高度和坡度，最多也不過20分鐘。

　　然而，必須特別強調的是，男體山的攻頂路段並非一般老少咸宜的休閒步道，而是一條布滿大小岩石的山徑，部分陡坡甚至需要用雙手攀爬。因此，當我看到一些遊客不僅沒穿登山鞋，甚至連運動鞋都沒穿，實在令人擔心。不過請放心，除了這段路之外，其他路段都相對輕鬆，就連女體山的攻頂路段都設有平坦的階梯可以直達山頂。

1 ｜ 男體山觀景區，左方是登山纜車「筑波山頂站」，後方是男體山山頂。
2 ｜ 男體山觀景區另一角度，右方是彗星展望台，後方是女體山。
3-4 ｜ 登上男體山山頂，一邊是觀景台，另一邊是供奉伊邪那岐命的本殿。

海拔 871 公尺的男體山山頂，最高點有供奉伊邪那岐命的本殿，是一座小小的木造建築物。這處的觀景台有充足的空間，遊客可以自在地走動、觀賞景色和拍照（稍後談到女體山，就會明白我為何這麼說了）。在山頂俯瞰的景色，自然比下方觀景台更加壯觀——東京都一帶密集的高樓大廈群，與明顯高出許多的晴空塔，在這片無比廣闊的關東平原上，都可以盡收眼底。還有，遠望那條長長的水平線上，平原的另一端就是旅人登上筑波山一直期待能看到的富士山。遙望過去，富士山矗立在數排較矮的群山之後，加上已經覆蓋上白雪，讓我一眼就找到它了。

1 | 上方是女體山山頂上的伊邪那美命本殿，旅客正在排隊，想要在伸出去的狹小山崖拍照。
2 | 最後，我也順利地在山崖上拍照成功。

　　接著，我走上連結兩山的步道，約 20 多分鐘，再加上女體山的攻頂段，都是輕鬆好走的路段。海拔 877 公尺的女體山，才是筑波山的最高點，因此這裡豎立了「日本名百山　筑波山」的標高柱。不過這裡的山頂可活動的範圍相對較小，而且最佳拍照點其實是由多塊大岩石組成、延伸出山體的狹小山崖，遊客需要排隊，一個接一個小心地走出去（每次最多二至三人），不可越過警戒繩的範圍。這裡景色比不上男體山山頂，重點是拍攝打卡照，我比較幸運，只等候了十多分鐘，但離開時排隊的人變得特別多，看來他們至少要等半小時才能輪到。

　　從山頂下行至登山纜車「女體山站」只需數分鐘路程，而女體山觀景區令我有點意外，因為發現連接纜車站的餐廳及觀景台竟能看到比山頂更棒的開闊景色，其中以回望「男體山山峰為主角，關東平原及富士山為背景」的景色最吸引人。這天並非晴朗的天氣，之前一直為了沒拍到好照片而耿耿於懷，結果就在即將下山時，竟然遇上「雲開見青天」的美麗時刻，包含富士山在內的所有景色彷彿都發出了光芒，讓我興奮不已（還帶著一點感動）！

出發前，我原以為男體山山頂是觀賞這座山最佳的位置，沒想到實地走訪後才發現，女體山觀景台才是最佳觀景點，難怪官方的宣傳照都是選用在女體山觀景台拍攝的照片。

這張照片的構圖如下：前方可見男體山山頂，下方是彗星展望台，後方則是一望無際的關東平原全景，延伸至埼玉、千葉、東京都（還可以看到高聳的晴空塔）。至於富士山的位置，就在圖中最明亮的陽光照射的地平線上。

我有幸欣賞到筑波山紅葉遍布山頭、層層疊疊的美麗景色。

拍攝於連接登山纜車站的女體山觀景台。因為沒拍到好照片，當時我正帶著些許失落準備下山，沒想到天色突然好轉，眼前異常明亮的景色讓我非常感動，也讓我真正欣賞到筑波山和關東平原的壯麗全景。

我帶著心願已達的滿足感，搭乘登山纜車下山。

意外的富士山剪影房

　　下午4點多，當我走進溫泉旅館房間時，窗外的景色立刻讓我驚呼：「哇！」外面的景觀竟然與稍早在男體山山頂所見的極度神似。雖然旅館與山頂的海拔高度相差很多，山頂自然能看到更遼闊的壯觀景色，但重點是——在這房間裡也能看到富士山！

　　在出發前兩、三週才決定住宿筑波山，加上適逢週六和楓葉季節，遊客特別多，訂房時發現筑波山神社附近的三家溫泉旅館中，只剩下我現在入住的「亀の井ホ

1. 我留宿的房間。重點是窗外的關東平原景色。
2-3. 在這間可容納上百位旅客的傳統日式餐廳，我享用了以在地食材製作的豐盛一泊二食。

テル 筑波山」還有空房。若用正面態度來看，「沒得選擇」也是一種好安排，至少不必花時間比較三家旅館。我簡單瀏覽了這家旅館的官網，發現具備溫泉旅館該有的設施，再加上巴士站離旅館只有一分鐘路程，於是很快就下訂了。這家旅館正面朝向關東平原與富士山，所以大部分客房、一樓大廳、用餐區和天台泡湯區都能欣賞到這樣的美景。至於另外兩家旅館，相信也都有其特色，只是這次與我無緣；建議大家訂房時，不妨比較三家，選擇最符合自己需求的旅館。

遺產級的夜色浪漫

還記得我在開頭提到的「日本夜景遺產」嗎？我接下來的計畫是：先泡湯（放鬆疲倦的身體，為夜間行程做準備）→在5點半前離開旅館→搭乘登山纜車→在男體山觀景台觀賞「日本夜景遺產」→7點前返回旅館享用豐盛晚餐（7點是最後可預約的用餐時段）。我能順利上山，是因為每年10月至2月，筑波山兩側的登山交通工具都會增加班次，並延長營運時間至晚上8點。

大約下午5點前，我在房間拍下這片平原的日落景色。

旅客在彗星展望台的天台所觀看到的夜景。

如何選出日本夜景遺產？
NOTE

根據日本夜景遺產官網說明，原來評選夜景的評審是由全國多個旅遊機構代表組成，每年選出約兩百多個夜景遺產，例如筑波山、日本平屬於自然夜景遺產，東京車站是燈光夜景遺產，秋田竿燈祭則是歷史文化夜景遺產。

上山時，整個車廂擠滿了旅客。一走出車站，立刻感受到寒風刺骨的威力，我和其他旅客快步登上彗星展望台的天台（此時食堂仍在營業中）。入夜後的天色依然清朗，燦爛的關東平原夜景如期展現在眾人眼前……咦？但我隱約覺得似乎少了什麼重要的東西……啊！我想起曾多次看過的「列為日本夜景遺產的筑波山」海報，重點是可以觀賞到富士山剪影才對！

什麼時候才能看到剪影呢？是在天還未完全黑的黃昏時分啊！而且這個觀景台因為被男體山山峰擋住了望向富士山的視角，若真要看到的話，就必須登上男體山山頂，但這個時候已經不能登山了。

下山後，我再次查看貼在車站的夜景海報，仔細一看，再結合我稍早在女體山觀景台留下的印象，才發

1 ｜ 彗星展望台的天台。
2 ｜ 每年 10 月至 2 月，筑波山兩側的登山交通工具都會延長營運時間至晚上 8 點，並增加班次。
3 ｜ 纜車站旁的紅葉在燈光的照耀下，展現出不同的美感。

現──宣傳圖是在女體山觀景台拍攝的！原來在那裡才能看到包含富士山剪影的最佳關東平原景色。

不過，這次的上山夜遊也是一次特別的體驗，而且認真說起來，我其實並未完全錯過，因為在離開旅館去夜遊前，我早就不經意地看到了富士山剪影，透過玻璃拍了幾張也算有收穫的照片，總算彌補了一點遺憾。

出發夜遊前，我在房間幸運地拍下這片以富士山剪影為主的關東平原夜景。

一覺好眠後，泡個早湯，我再去遊訪筑波山神社，漫步賞景時看到不少旅客正準備搭乘首班登山纜車。氣象預報顯示，當天整個關東地區都是特別晴朗的好天氣，看來這天的登山旅客與筑波山的優美景色很有緣分，而我則懷著期待的心情離開筑波山，展開新旅程。

1-2　在一片雲也沒有的晴朗天空下，漫步小鎮時，眼前的景物彷彿都洋溢著耀眼的光芒。
3　昨天在羽田機場遠眺到富士山，想不到今天早上在不同地點，也同樣遠眺到它的身影。

information

筑波山登山交通　|　mt-tsukuba.com
日本夜景遺產　|　yakei-isan.jp
亀の井ホテル 筑波山　|　tsukuba-grandhotel.co.jp

135

栃木　適於2日遊・3日遊

3 群山環繞的溫泉鄉
日光與鬼怒川的山湖盛宴

■明智平展望台 ■中禪寺湖 ■華嚴瀑布 ■湯元溫泉 ■鬼怒川溫泉 ■龍王峽
■鬼怒川溫泉纜車

栃木縣的日光與鬼怒川這兩大旅遊區域，具備豐富的觀光資源，無論是「世界文化遺產」、「自然景觀」或「主題公園」，都足以規劃出內容精彩的旅程。

「世界文化遺產」指的是「日光寺社」，由日光東照宮、日光山輪王寺、日光二荒山神社的二社一寺所構成。其中以日光東照宮最為有名，是祭祀江戶幕府初代將軍德川家康的神社。

事實上，德川家康是在靜岡縣離世，最初的墓地位於當地的久能山東照宮，後來才遷移至日光。由於「日光寺社」的相關資訊在網路上已相當豐富，我在本書 2-1 文中較著墨在久能山東照宮，本文則將聚焦於日光與鬼怒川的山岳、湖泊、瀑布。

1-2 | 日光東照宮中海拔最高的奧宮，圖中的奧社寶塔，是建在德川家康的墳墓上的。
3 | 最多遊客造訪的日光東照宮。

過去我曾三次為了自然景觀而造訪這個區域：第一次是在 8 月前往鬼怒川（已收錄於《日本見學深度慢遊》），第二次是 12 月底到日光的一日遊，第三次則是在 3 月底展開為期三天兩夜的「日光＋鬼怒川」之旅。本文將整合這三次旅程的精華，以日光為主、鬼怒川為輔的方式來介紹。

輕鬆從淺草前往日光、鬼怒川

日光、鬼怒川地區主要的大眾運輸機構是東武鐵道公司，提供電車及巴士服務，並推出多種優惠的交通票券，相較於全國性的 JR 更具吸引力。先介紹日光，當地有東武日光站與 JR 日光站，兩站僅相距數分鐘路程；其中東武日光站為當地最主要的交通樞紐，除了設有觀光中心外，環遊日光區的東武巴士總站也位於車站正門前方。

1 | 東武日光站是旅遊日光的起點，除了有觀光中心，遊覽日光區的東武巴士總站也在正門前方。
2 | 我的二日巴士周遊券，適用範圍可從日光站到湯元溫泉。

「NIKKO PASS」周遊券
INFO

> 東武鐵道公司推出的「NIKKO PASS」周遊券，又分為「世界遺產區域二日券」、「廣域四日券」兩種，簡單來說，前者適合遊覽「世界遺產」景點為主的旅客，後者則適合想遊覽全區域的旅客，內容包含多項交通工具：淺草和下今市的往返交通一次，下今市、東武日光、鬼怒川溫泉、新藤原間的東武鐵道全線無限次，以及日光當地的巴士全路線無限次等（兩種周遊券的適用範圍略有不同）。
>
> 即使只待一天，或二到三天，二日券、四日券都相當划算。旅客可在東武淺草站現場購買或網上預訂，但請注意，這些票券僅限搭乘從淺草出發的東武特急列車，從其他地方出發的JR電車並不適用。

　　從東京市區前往日光的旅客，最理想的路線是從淺草的東武淺草站搭乘東武特急列車，約110分鐘即可直達東武日光站。另外，從新宿或池袋出發，則可搭乘JR特急列車前往，車程約120分鐘。

　　此外，還有不少來自其他地區的旅客，會選擇搭乘新幹線至JR宇都宮站（宇都宮是栃木縣人口最多的城市），再轉乘JR電車前往日光。我就屬於這類旅客，因為當時持有「JR東京廣域周遊券」，便從上野或東京站搭乘新幹線展開行程。

　　至於鬼怒川的大眾運輸路線大致相同，在淺草上車的話可搭東武鐵道至下今市站，再轉東武鬼怒川線至鬼怒川溫泉站。而連接日光與鬼怒川兩地的交通，也是以下今市站為轉乘站。

　　除了電車，東武日光巴士站也有多條路線可前往各個旅遊景點，旅客可選擇購買單程車票，或是選購由東武巴士公司發行的一日／二日巴士周遊券，周遊券的票價也依適用範圍不同而有差異。其中「2C號巴士」俗稱「世界遺產巡遊巴士」，顧名思義就是載旅客前往「二社一寺」（日光東照宮、山輪王寺、二荒山神社）；不過在旺季時，由於遊客眾多，有些人會選擇步行約20多分鐘到日光東照宮正門。

　　以三天兩夜的「日光＋鬼怒川」之旅為例，我購買的是適用範圍為「日光站至湯元溫泉」的二日巴士周遊券；由於湯元溫泉是巴士路線中最深入、海拔最高的地區，因此這也是巴士周遊券中最高價的選擇，為3,500日圓。最受歡迎的日光自然景觀路線是搭乘「2B號巴士」，路線為日光站→明智平站→中禪寺溫泉站，可遊覽到日光最熱門的自然景點，且能在一天內輕鬆完成，日歸旅客可在黃昏前離開。

中禪寺湖邊滿布著不同規模與價位的溫泉旅館，是日光的熱門住宿區。

遠眺中禪寺湖與華嚴瀑布的全景，
是日光之旅的重要收穫。

中禪寺湖和男體山的最佳視角

我來到日光做的第一件事，會先來個居高臨下鳥瞰日光。我搭乘的巴士駛過日光東照宮後，會行經一段由數十個急彎組成的崎嶇山路，約 30 分鐘後抵達位於「第二伊呂波坂」的明智平站，通常約有一半的乘客會在此下車（不過要注意，只有去程巴士會經過這站，回程沒有）。下車後，映入眼簾的是山崖上一座小巧的空中纜車站，一台帶著歲月痕跡的紅色纜車正從高處緩緩下行。

迂迴的伊呂波坂 NOTE

「伊呂波坂」是連接日光站與中禪寺湖的道路，以絕美的賞楓景致聞名，因此又被稱為「紅葉坂」，每到紅葉時節便車水馬龍。這條山道分為兩段單向行駛路段：專供上坡的「第二伊呂波坂」，與專供下坡的「第一伊呂波坂」。兩條路線共計 48 個急轉彎，這些彎道是以日本古代用來學習假名的歌訣〈伊呂波歌〉（いろは歌）來依序命名的，故稱為「伊呂波坂」。由於山道特別迂迴曲折，也成為電影《頭文字 D》的取景地點之一。

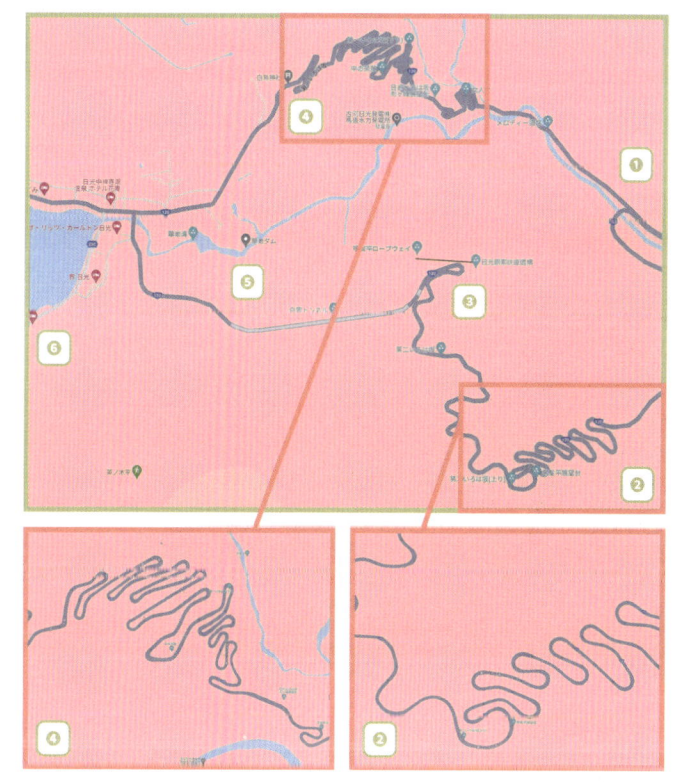

❶ 東照宮、東武日光車站方向｜❷ 上坡專用的第二伊呂波坂｜
❸ 明智平纜車站｜❹ 下坡專用的第一伊呂波坂｜❺ 華嚴瀑布｜
❻ 中禪寺湖

1 | 運行中的明智平空中纜車。　2 | 明智平展望台。

❶ 男體山是日光群山中最具代表性的山峰。每年 5 月到 10 月開放給旅客登頂。山頂腹地廣大，並有日光二荒山神社的奧宮、二荒山大神神像、二荒山大神的御神劍等景點。
❷ 下坡專用的「第一伊呂波坂」。
❸ 華嚴瀑布的付費展望台，可近距離觀賞瀑布。
❹ 華嚴瀑布的免費展望台。
❺ 華嚴瀑布。
❻ 中禪寺溫泉站、旅館、餐廳、伴手禮店等。
❼ 中禪寺湖。
❽ 往戰場之原、湯瀑布、湯元溫泉等地的方向。

1 ｜ 展望台往東，可看到鬼怒川、筑波山及關東平原等。
2 ｜ 男體山的介紹牌。
3 ｜ 離開展望台，旅客坐上巴士前往中禪寺湖。

　　空中纜車每 10 分鐘就有一班，僅需 3 分鐘即可抵達明智平展望台。展望台的景色主要分為兩個方向：往東可眺望鬼怒川、筑波山與關東平原；往西的景致最引人入勝，可觀賞到全日本地勢最高的中禪寺湖（海拔 1,260 公尺）與華嚴瀑布所構成的壯麗全景。

　　我曾兩度登上這座展望台，每次都深深覺得，飽覽這片美景不僅是登山的重要收穫，更是整個日光之旅的精華所在。只見連綿群山在靜謐氛圍中環抱著中禪寺湖，湖邊山崖上的華嚴瀑布有如一道白亮亮的銀鍊，構成一幅絕美的自然畫卷。

　　中禪寺湖形成於 2 萬年前，是因火山（男體山）爆發而形成的堰塞湖（指因山崩或熔岩堵塞河谷、長期積水而形成的湖泊），面積達 25 平方公里。這不僅是栃木縣最大的湖泊，其中華嚴瀑布更扮演著湖泊出水口的角色，湖水經此傾瀉而下，在下游又形成了白雲瀑布。

　　而談到日光群山中最具代表性的山峰，非男體山莫屬。雖與茨城縣的男體山同名，但海拔達 2,486 公尺的栃木縣男體山可是名列日本百大名山之一的壯闊大山，自古即為當地重要的信仰中心。站在明智平展望台，便能清晰望見它聳立在中禪寺湖北岸。山頂擁有寬廣的腹地，建有日光二荒山神社奧宮、二荒山大神神像，以及二荒

山大神的御神劍——我找了一下網路上的照片，似乎是一把閃耀著光芒的巨劍插在巨石上。

男體山的登山季節為每年 5 月至 10 月，設有兩處登山口，其中以日光二荒山神社中宮祠為大多數人選擇的出發點。然而，攀登男體山並非易事，不建議體能欠佳或平日缺乏運動的遊客貿然嘗試，更不適合親子同行。

華嚴瀑布與中禪寺湖的水景對話

離開明智平展望台，搭上巴士，我來到中禪寺溫泉站——這裡是日光重要的觀光區，也常作為日歸旅客或旅行團的最後一站。方才遠眺過的中禪寺湖與華嚴瀑布，現在終於能夠近距離一探究竟。日光境內共有48處瀑布，許多遊客會選擇一併造訪霧降瀑布、裏見瀑布、湯瀑布和龍頭瀑布，展開一趟日光瀑布巡禮。其中最負盛名的

1　前方是中禪寺湖觀光區的小吃店和伴手禮店，後方是男體山。
2　華嚴瀑布的收費展望台，可從低角度與近距離觀看。

華嚴瀑布的免費展望台，可看到比較平視的角度。這是 3 月底拍下的照片。

遠處即可望見聳立於中禪寺湖入口的巨大紅色鳥居。這座二荒山神社中宮祠的「一ノ鳥居」高 15 公尺、寬約 20 公尺。

華嚴瀑布，與茨城縣的袋田瀑布、和歌山縣的那智瀑布並稱「日本三大瀑布」。如同日光諸多瀑布一樣，華嚴瀑布其名也源自佛教經典《華嚴經》。

正如在明智平展望台所見，華嚴瀑布的源頭是中禪寺湖。湖水受湖底壓力影響，從岩縫中流出形成這道壯觀的瀑布。想要近距離感受湖水從 97 公尺高的峭壁傾瀉而下的磅礴氣勢，可搭乘「華嚴瀑布電梯」下到觀景平台，在這裡不僅能觀賞瀑布底部的奔騰水勢，抬頭更可一覽鬼斧神工的地質奇觀。除此之外，華嚴瀑布還設有一處免費的展望台，位於停車場旁，可平視觀賞瀑布。既然遠道而來，加上電梯票價親民，即使天氣不佳，我認為也值得下去一探究竟。

雖然我兩次造訪都未能見到水聲轟隆、水花四濺的壯觀場面，但網路上不少人分享氣勢壯闊的華嚴瀑布，

12月底拍下的華嚴瀑布。蓋上白雪後,瀑布景色更吸引人。

我在觀光船停駛的淡季造訪中禪寺湖，正好能在湖畔靜靜漫步，盡情享受這份湖邊的寧謐。

1-2 | 一尾炭火烤魚 600 日圓，配一杯啤酒，是旅行的小確幸。

真是幸運。而每年 1 月至 2 月，瀑布更會結成淡藍色的冰柱，想必更有可看之處。可惜我 12 月底造訪時，雖然山間已覆滿白雪，溫度卻還未低到能令瀑布結冰的程度。

此外，這裡的小店以烤魚聞名，每次造訪我都難以抗拒誘惑，臨走前必定來上一尾。烤魚外皮酥脆，充滿炭香，風味絕佳。至於這烤魚是否來自中禪寺湖？雖然我曾見過當地人在湖邊垂釣，但店家並未特別標明魚的來源，所以無從得知。

晴朗天空下的中禪寺湖，湖水如藍寶石般湛藍。

12月底的冬日黃昏，中禪寺湖又展現出不一樣的風情，柔和的夕陽餘暉灑落湖面，勾勒出一幅令人難忘的景致。

1-2　3月底的中禪寺湖景致。雪白群山、湖畔旅館、溫馨互動的父女、停泊的天鵝小船、湖中垂釣的身影——這一切共同編織出中禪寺湖初春的美好時光。

中禪寺湖的觀光船營運期間為 4 月中旬至 11 月底，我造訪時正值停航。（不曉得船都停到哪兒了？）雖然無緣搭船遊覽湖泊各處、欣賞不同角度的湖光山色，但在淡季時漫步湖岸，享受靜謐景致也別有一番風味——我佇立在 12 月已略為結冰的湖畔，遠處天際透出柔和的夕陽餘暉，湖邊的鳥居、樹木漸漸化作剪影，與寂靜無人的湖面相映成趣，這幅畫面在我心中留下了深刻的印記。

環湖而建的溫泉旅館規模與價位各異，但在我看來，每間面湖客房都同樣令人嚮往，一時心動，真想隨意選上一家，立即入住一晚……不過，這次因行程安排，我早訂好了位於終點站「湯元溫泉」的住宿。

湯之湖與戰場之原的自然交響

為了一探中禪寺湖的水源源頭，我使用二日周遊券搭乘巴士，繼續從中禪寺溫泉站前往終點站「湯元溫泉」——這裡是日光之旅的最後一站，也是整趟旅程中海拔最高的地方，一下車便能感受到 1,500 公尺高海拔帶來的涼意。我選擇在這裡投宿，因為這裡擁有 1,200 年歷史的硫磺溫泉；日文中的「湯元」，就是指溫泉源頭的意思。

我在 3 月底到訪時，雖然周遭群山與道路仍覆蓋著積雪，但近在咫尺的湯元滑雪場已掛上「休息」的告示牌。從雪道圖來看，這裡雖然不是大型滑雪場，但對家

湯之湖是中禪寺湖的上游。我趁著天黑前到湖邊走走，不但享受高山湖泊的清幽，也隱約地感受此地原始神祕的氛圍。

近在咫尺的湯元滑雪場，從鎮上任何一家旅館前往都很方便。

庭遊客或初學者來說相當適合，加上滑雪場與鎮上旅館距離很近，步行就能走到，來這裡滑雪度假確實是個不錯的選擇。

　　湯元溫泉給我的印象是，這裡少了日光市區、中禪寺湖等著名建築或風景帶來的光環，反而像個不與世俗爭寵的純樸小鎮。小鎮範圍不大，主要由十多家溫泉旅館組成，巴士下車處附近也設有遊客中心。我入住的是「奧日光高原飯店」，是一棟三層樓的建築，從巴士站走過來很近。放下行李後，我趁著天黑前去湯之湖走走，湖畔沒有太多人工建築，不僅能享受高山湖泊的寧靜與清幽，還隱約感受到一絲原始神祕的氛圍。

1-2 ｜ 我入住的是奧日光高原飯店，這是我的房間。

　　周長約 3 公里的湯之湖，與中禪寺湖一樣，是由火山噴發後的岩漿形成的堰塞湖。湖岸設有環繞湯之湖一圈的步道，可以觀賞到許多高山植物，全程約需一小時。湯之湖在南邊有一個出口，也就是靠近小鎮湖畔的另一端。順時針行走大約 20 分鐘（逆時針約 40 分鐘），可以抵達由出口形成的湯瀑布。落差達 70 公尺的湯瀑布，與華嚴瀑布、龍頭瀑布並稱「奧日光三名瀑」。湯之湖的湖水流經湯瀑布後，進入湯川，再流向中禪寺湖、華嚴瀑布，最後匯入我第二天要去的鬼怒川。

　　事實上，旅客可以在「湯滝入口」巴士站下車，走一段路就能抵達湯瀑布。湯瀑布與華嚴瀑布各具特色，雖然高度差不及華嚴瀑布，但湯瀑布的觀瀑平台距瀑布很近，也吸引許多人特地前來觀賞。

　　另外，還可以繼續延伸散步路線——從湯瀑布出發，

展開一趟濕地健行之旅，這也被稱為「戰場之原‧自然研究路」。「戰場之原」並不是指曾經發生過「人與人之間的戰事」的地方，而是源自「男體山神」與「赤城山神」為了爭奪中禪寺湖而在此相爭的神話。不說不知道，這裡過去竟曾是一座湖泊，位於湯之湖與中禪寺湖之間，如今已演變成面積達 400 公頃的濕地。「戰場之原」的健行步道規劃完善，很適合帶著小朋友同行，完整路線為：湯元溫泉→湯瀑布→泉門池→青木橋→戰場之原展望台→龍頭瀑布。全程約需兩個多小時。

這趟濕地之旅，很適合留待下次住在中禪寺湖邊的旅館時再來體驗，到時候可以先在旅館放下行李，再搭巴士前往湯瀑布展開健行，最後到達龍頭瀑布後搭巴士返回旅館——好！下一趟日光之旅就這麼規劃！

在鬼怒川上奔流的龍王

第二天，我從湯元溫泉直接返回日光市區，搭上東武電車，途經下今市站，最後在中午抵達鬼怒川溫泉，同樣在這裡住上一晚。這次選擇入住的「丸京溫泉旅館」，距離火車站只需 3 分鐘路程，是一家風格精緻的中型現代化日式旅館，內部設備相當新穎，一泊二食的

1 ｜ 日落下的鬼怒川溪谷與坐落兩岸大大小小的溫泉旅館。

2-3 ｜ 走精緻風的丸京溫泉旅館，為我留下美好的體驗。

1-2 | 那年盛夏，我展開首趟的鬼怒川之旅，當時曾在鬼怒川體驗刺激的泛舟活動。

住宿帶給我美好的體驗。

放下行李後，我還有一整個下午的時間，剛好足夠遊覽龍王峽，以及鬼怒川溫泉纜車。至於旅客如果時間更充裕的話，我建議可以參加40分鐘的鬼怒川泛舟之旅，這也是我首次造訪鬼怒川溫泉時最想體驗的活動。這段全長約 6 公里的泛舟之旅，能在川流上盡情欣賞清流與峽谷的動態美景。

如前文提到，湯之湖的湖水流經中禪寺湖後，匯入鬼怒川清流，而龍王峽就是鬼怒川清流的上游，鬼怒川溫泉區則位於下游。我正好在「湯之湖與鬼怒川溫泉區之間」的多個知名景點留下足跡。

造訪龍王峽的目的，正是為了欣賞峽谷上奇岩巨石的美景。這些地形可追溯至 2,000 萬年前，由海底火山噴發後凝固的火山岩，經過鬼怒川長期侵蝕後，最後形成如此壯闊的峽谷。由於峽谷兩側岩石的分布和形狀，使得鬼怒川看起來就像一條奔騰翻滾的蛟龍，因此被稱作「龍王峽」。

旅客可在鬼怒川溫泉站搭乘火車，不到半小時就能抵達小巧的龍王峽站。龍王峽入口有一家依山壁而建的餐廳，我看見裡面的客人正在品嘗香味撲鼻的烤魚。想起前一天在華嚴瀑布享用過的烤魚，我不自覺又被誘惑地走進店內，點了一份含兩條烤魚的套餐，還幸運選到了面向峽谷的陽台座位，同時享用了美食與美景。

隨後，我沿著石階而下，正式展開龍王峽的徒步之旅。龍王峽依岩石的顏色可分為三段 —— 白龍峽、青龍峽、紫龍峽。從龍王峽站開始行走，首先遇到的是白龍

1 ｜ 小小的龍王峽站。
2 ｜ 旅程最後一站，是坐上溫泉纜車登上山頂，俯瞰鬼怒川溫泉全景。

1-2 ｜ 我在依山壁而建的餐廳享用了一份烤魚套餐，同時享受美食與美景。

1-2 龍王峽站與白龍峽之間的景色，可觀察到這一段峽谷主要是由灰白色的流紋岩組成，與碧綠的溪水形成明顯對比。

峽，接著一路走到紫龍峽，全程約需三小時，便能抵達川治溫泉——這處靜謐的溫泉勝地聳立於鬼怒川與男鹿川的交匯處。若搭乘火車，從龍王峽站過去兩站就是川治湯元站，一出站便是川治溫泉街。

整段峽谷步道屬於初級難度，大多是在單側山崖上的步道行走。特別的是，龍王峽站至白龍峽這一段，在峽谷兩側都設有步道，遊客可以透過虹見橋與鼯鼠橋（むささび橋）往返兩岸，不必重複路線，就能欣賞不同角度的景色。這個設計十分貼心，特別適合像我這樣無法走完全程的遊客。

這條「龍王峽站→白龍峽→龍王峽站」的往返路線約需一小時，剛起步就能先在龍王峽站附近造訪虹見瀑布與五龍王神社。虹見瀑布是由山中泉水沖刷岩石後傾瀉而下、注入鬼怒川所形成的，陽光照射時偶可見彩虹，才會有這個美麗的名字。而位於起點的虹見橋，是觀賞白龍峽的絕佳位置——白龍峽主要是由呈現灰白色澤的流紋岩構成，與碧綠溪水形成鮮明對比。沿途盡是巨石、奇岩、碧水組成的怡人景致，若在秋季造訪，更能欣賞到兩岸妝點了紅葉的絕美景色。

最後，我搭火車返回鬼怒川公園站，搭上位於附近的鬼怒川溫泉纜車，登上海拔 700 公尺的丸山山頂。站

1 | 在鬼怒川泛舟的體驗，記錄在《日本見學深度慢遊》中，並留下寫生畫作。
2 | 鬼怒川溫泉纜車載我登上丸山山頂，可欣賞到群山環繞的鬼怒川溫泉全景。

在以木材縱橫交錯建成的山頂展望台上，一邊眺望群山環繞的鬼怒川溫泉全景，一邊回味整趟旅程的美好片段，深刻體會到大自然的鬼斧神工與大地悠久的歷史，不禁感動萬分。

Information

東武鐵道 | tobu.co.jp
東武巴士 | tobu-bus.com
日光市觀光 | nikko-kankou.org
日光東照宮 | toshogu.jp
奧日光高原飯店 | okunikko-kougenhotel.com
日光湯原遊客中心 | nikkoyumoto-vc.com
丸京溫泉旅館 | marukyoo.com

長野・群馬　適於1日遊・3日遊

4 東京後花園的溫泉靜旅
輕井澤、草津溫泉的慢活提案

■ 長野縣輕井澤　■ 群馬縣草津溫泉

長野縣輕井澤與群馬縣草津溫泉，一直是東京近郊最受歡迎的旅遊勝地，我也曾多次造訪。從東京搭乘新幹線，僅需一小時就能抵達輕井澤，相當便利；之後再轉乘巴士，便可前往群馬縣的草津溫泉。本篇的旅遊提案，先以輕井澤一日遊為主，接著再延伸至草津溫泉，規劃成一趟三天兩夜的跨縣輕旅行。

日本小瑞士一日遊

前往輕井澤，許多人偏好搭乘舒適的新幹線。特別推薦「JR東京廣域周遊券」，這張三日券可任意搭乘指定的交通工具，單是往返「東京—輕井澤」的新幹線車資就幾乎能回本，還能搭乘近郊範圍的其他新幹線路線。除了新幹線，高速巴士也是熱門選擇，在東京車站和成田機場都有發車。

來到輕井澤站後，車站的南口主要通往輕井澤王子飯店滑雪場及購物中心。我曾為了滑雪，專程造訪這座人工滑雪場，這裡設有10條難易度不同的滑雪道。相較於其他位於深山的滑雪場，這裡最大的優勢在於交通便利的地點，同時也是全日本最早開放的滑雪場之一。

輕井澤王子飯店滑雪場是全日本最早開放的滑雪場之一。

至於車站北口是這趟一日遊的起點，我將依序參訪白絲瀑布、雲場池、舊輕井澤銀座通及輕井澤星野度假村。整條路線地勢平坦，就連位於山區、但搭巴士僅需30多分鐘的白絲瀑布，其沿途的步道也相當好走，非常適合親子同遊或是帶長輩出遊。值得一提的是，前往白絲瀑布的這條巴士路線（くさつ輕井沢線）以草津溫泉為終點站，因此也可以將草津溫泉納入行程規劃。

我是這樣安排行程的……

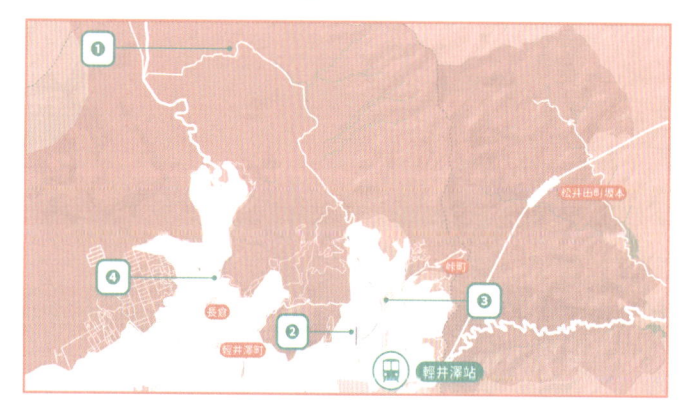

❶ 白絲瀑布 ｜ ❷ 雲場池 ｜ ❸ 舊輕井澤銀座通 ｜ ❹ 輕井澤星野度假村

小 Tips：如果只想造訪雲場池和舊輕井澤銀座通，由於距離車站北口不遠，搭乘西武觀光巴士只需十多分鐘。此外，也有不少旅客喜歡騎自行車遊覽，車站附近有多家單車出租店可供選擇。

東方的小瑞士
NOTE

輕井澤有「東方小瑞士」的稱號，並不是隨便說說的。整個小鎮坐落在海拔 1,000 公尺的高原上，不只天氣特別舒服，整個氛圍都充滿了濃濃的歐洲風情。這要從明治時期說起，是加拿大的傳教士亞歷山大・蕭（Alexander Croft Shaw）最早發現這片寶地，之後漸漸發展成度假勝地。夏天時最有感，當東京熱得受不了，這裡的溫度會低上七八度。清冷的空氣、涼爽的天氣，再加上結合了日式貼心服務和歐洲情調，輕井澤於是成為日本最熱門的度假勝地之一。

如詩的瀑布與歐洲小鎮

造訪輕井澤的旅客，超過九成都會前往白絲瀑布。有趣的是，日本其實有好幾座同名的白絲瀑布，例如靜岡縣富士宮也有一座。當巴士停靠在瀑布入口時，約一半的乘客紛紛下車，另一半似乎是要繼續前往草津溫泉。入口處有幾間小店，飄著烤岩魚的香氣。通往瀑布的步道平緩，沒有陡坡和樓梯，走到盡頭就能看見瀑布。

這座瀑布雖然高度僅 3 公尺，但頂部呈現長達 70 公尺的圓弧狀，最特別的是那細緻的水流從淺間山地下的

1-2 凝視著潺潺水流的白絲瀑布，很有日本禪風的意境。

岩縫中湧出，那一道道潺潺流水頗有日本禪風的意境。冬季時，白絲瀑布則被雪景襯托，更顯詩意。

　　白絲瀑布屬於小巧精緻的景點，散發著詩情畫意的氛圍。因此，來訪時請別誤會成能看到水勢磅礴、靠近就會被濺濕的壯觀瀑布，否則可能會有「就這樣喔？」的失落感。當天我遇到不少華人旅客在雪地上開心拍照，沒有聽到任何失望的聲音，看來大家都有做足功課。

　　占地約 2,000 坪的雲場池，又被稱為「天鵝湖」。雖然現場只能看到小鴨子，但據說早期曾有天鵝在此出沒。這座輕井澤的人氣景點以清澈見底的池水聞名，四季都能與周邊景色相互輝映：春夏時節展現充滿生機的新綠，秋季有迷人的紅葉，冬季則呈現浪漫的雪景。

　　這座呈狹長狀的湖泊雖然不大，但環湖步道設計精巧，遊客可以悠閒地繞湖一圈，純粹欣賞寧靜的湖色，觀賞枯枝與水色交織的自然美景。也可以在湖畔的長椅上小憩片刻，讓自己完全放空，感受旅行中獨特的幸福時光。

　　在雲場池入口旁，有一家名為「Cafe St. Marie Kumoba」的咖啡館，提供俯瞰湖景的絕佳視角，彷彿是湖泊的特色觀景台──這給了我多待片刻的好理由。

1-4 建議可以在湖畔餐廳點一杯咖啡與美味甜點，享受賞湖的悠然時光。

狹長的雲場池環繞著精心設計的步道，漫步
其中可欣賞枯枝與湖水交織的靜謐風光。

餐廳內部裝潢講究，挑高的天花板配上寬大的玻璃窗，讓人彷彿置身在雪山中的小木屋。在這裡，我一邊品嚐咖啡與甜點，一邊繼續欣賞雲場池的美景。

　　接著，我從雲場池步行約 10 分鐘，便抵達舊輕井澤銀座通。這條街道以歐風矮房與紅磚道著稱，漫步其中宛如置身在瑞士阿爾卑斯山腳下的度假小鎮一般。作為當地最熱鬧的商業街區，這裡匯集了各式各樣的特色商店，包括手工藝品店、伴手禮專賣店、生活雜貨店以及當地農產品商店。熱門店家有 SAWAYA 澤屋果醬、白樺堂洋菓子、APPLE PIE lab 等，都是熱門的伴手禮選擇。

　　我在這條充滿異國情調的街道上悠然漫步，感受小鎮的獨特風情。待了一會兒後便搭上巴士，前往輕井澤星野度假村。

走在舊輕井澤銀座通的人行步道上，不必匆忙，就這樣隨興走走停停，好好感受在地氛圍。

1-2 ｜ 充滿特色小店的舊輕井澤銀座通。

3-4 ｜ 在前往輕井澤星野度假村的巴士站附近的 APPLE PIE lab，主要販售蘋果派，有現場烤的酥皮蘋果派，是熱門的伴手禮。門外有長椅，讓旅客可以坐下來馬上享用美味。

與森林共浴的蜻蜓之湯

　　輕井澤星野度假村是個複合式的旅遊區,即使沒有入住,裡面也有不少景點或設施供旅客參觀或體驗,比如人氣特色建築的輕井澤高原教堂、石之教堂,以及集結約 16 家特色店鋪的榆樹街小鎮。

　　穿過榆樹街小鎮,可前往藏身於度假區幽靜一角的迷你湖泊,湖畔有家「Ikaru Café」,如果夏天造訪,感覺就像中午在雲場池旁邊的餐廳一樣,可以充分享受湖景的悠然時光;至於冬天,則呈現截然不同的風貌,湖

1-2 ｜ 輕井澤星野度假村的小湖在冬日裡變成溜冰場,很受小朋友歡迎。

水結冰後就變成十分受小朋友歡迎的溜冰場。旅客可在咖啡店內租用冰鞋、頭盔、手套，我想對於出身在亞熱帶國家的旅客來說，這可真是很特別的冬日體驗。初次划冰刀的人可以使用現場提供的椅子，的確能大大減少滑倒的機會。

我把最後一站留給「星野溫泉蜻蜓之湯」。冬日傍晚的輕井澤已經接近0度的氣溫，跳到露天溫泉裡真是超舒服！木質裝潢的溫泉湯屋，雖然提供給入住度假村的房客使用，但沒入住的旅客也可以付費入場，直接在門口買票即可。大人的泡湯費用為1,000多日圓，現場可以租借毛巾、浴巾等用品，可以兩手空空來泡湯沒問題。過了收費亭，就是分成男女兩側的泡湯區，然後直接入場即可，裡面提供免費置物櫃，隨身帶的大包包、背包都放得進去。

1-2 | 過了收費亭就是男女泡湯區，現場皆可租用毛巾。

星野溫泉蜻蜓之湯的一角，與周圍的自然景物融為一體，成為一幅充滿美感的景致。

這裡的天然溫泉酸性低、偏鹼性，對舒緩疲勞、改善肌膚有極佳效果。室內溫泉區擁有一整片落地玻璃，望出去的周圍景色很迷人。蜻蜓之湯本身隱藏在森林深處，當我從內湯走到外湯，一下子宛如置身在森林中。我十分喜愛外湯的景色，可以倚靠著岩石的牆壁泡溫泉，在寒冷的冬日裡真是一大享受。

如果是規劃一日遊，最後一站可以安排在輕井澤王子購物廣場。購物中心大約晚上 7 點關門（中心內有部分餐廳會營業至更晚），旅客可以把握最後的兩、三個小時前來血拚，滿載而歸返回東京。

煙霧繚繞的碧綠溫泉鄉

結束在輕井澤的愜意時光後，如果還打算繼續延伸旅程，可以前往群馬縣的草津溫泉。跟前往白絲瀑布一樣，從輕井澤站北口的 2 號巴士站，搭乘草輕交通的巴士（くさつ軽井沢線），車程約 83 分鐘即可抵達草津溫泉站。如果旅客是從東京前往草津溫泉，則可以搭 JR 電車至長野原草津口站，再轉乘 JR 巴士，抵達草津溫泉。

草津溫泉近 20 年來持續蟬聯日本最受歡迎的溫泉第一名，與兵庫縣的有馬溫泉、岐阜縣的下呂溫泉並列為

1-3 草津溫泉以其標誌性景觀「湯畑」聞名，不僅蟬聯日本溫泉百選第一名近 20 年，更是日本三大名湯之一。其獨特之處有三大特點：一，全日本自然湧泉量最豐沛；二，百分百純天然溫泉，無需人工加熱；三，具備卓越的殺菌效果。

冬日造訪草津溫泉，入住湯畑旁的旅館，
得以將這片標誌性的溫泉景觀盡收眼底。

初次體驗草津溫泉時，濃郁的硫磺氣息或許難以適應，但習慣後，這獨特的氣味反而令人著迷。

「日本三大名湯」。這裡的泉質屬強酸性，那股濃烈的酸味令人印象深刻。這十多年來我走訪過日本各地溫泉，卻從未遇過如此「頂級酸味」的泉質——據說將五寸釘浸泡其中，十天後釘子便會變細；一枚圓形硬幣更是能在七天內完全溶解，酸性強度相當驚人。沒想到我竟愛上了這獨特的酸味，更愛上泡在這酸性十足的溫泉中的感覺。

來到草津溫泉，一定要造訪溫泉區的地標「湯畑」，所有觀光景點皆以這裡為起點。環繞湯畑的紀念品店、餐飲店、溫泉旅館和公共浴場鱗次櫛比，遊客絡繹不絕。區內旅館多採一泊二食方案，其中環繞湯畑的一井、櫻井、草津等老字號旅館，雖然價位較高，但能享有一流景觀。

湯畑，顧名思義就是「熱水田」，不僅是草津的獨特象徵，更是泉水的主要源頭。泉水初湧時，溫度高達攝氏 70 度以上，無法直接入浴。若以冷水稀釋，又會破壞泉水的療效，因此當地人巧妙運用一公分厚的松木及檜木，製成七道導水管，並隔成格狀，宛如農田的景象。溫泉水經由層層木製導管流通後，溫度得以降至適合泡湯的 40 多度，再分送至各溫泉旅館和公共浴場使用。

談到降溫方式，還有一種傳統的人力降溫法，稱為「湯揉」。當地人使用六尺長的木板攪拌泉水，將水溫降至約 48 度。據說在湯揉的過程中，身體也能吸收湯氣，即使不直接接觸泉水也能獲得療效。如今，湯揉已成為特色觀光表演，在湯畑旁的「熱の湯」每天定時上演六場。

入夜之後，溫泉街依然熱鬧非凡，湯畑旁的湯煙亭總能見到飯後的遊客穿著浴衣、踏著木屐，前來享受免費足湯。湯畑不僅面積廣大，更具充沛的泉湧量與高溫，終年煙霧繚繞、熱氣蒸騰，加上礦物質在池中沉澱或漂浮，形成碧綠水色。我特別鍾愛夜晚漫步街道，在燈光映照下，盡情沉浸在傳統溫泉鄉的浪漫與夢幻氛圍中。

湯畑終年裊裊白煙，在夜幕低垂時更顯得夢幻。

　　雖然輕井澤加草津溫泉，兩天一夜的規劃也可成行，但略顯倉促，建議安排三天兩夜較為從容。由於兩地交通便利，除了各住一晚外，也可選擇在其中一地連住兩晚，省去了打包行李和換宿的時間，讓旅程更加充實愜意！

1-2｜草津特有的「湯揉」是一項傳統的降溫方式，遊客能在古色古香的木造建築中，親身觀賞與體驗這項獨特的技藝。

Information

輕井澤觀光協會｜karuizawa-kankokyokai.jp
輕井澤星野度假區｜hoshino-area.jp
草津溫泉觀光協會｜kusatsu-onsen.ne.jp

169

靜岡　適於半日遊・1日遊

5　雪與櫻的二月物語
雪景、早櫻與白梅的完美邂逅

■ 伊豆河津川　■ 熱海梅園 ■

對香港人來說，「農曆新年」通常是指年初一至年初三的這三天「公眾假期」，也是全年旅遊的高峰期。「農曆新年旅行」已成為我送給自己的「最昂貴」新年禮物，因為這時的機票特別貴。每當決定要去日本，我第一件事就是查看那一年的農曆新年是落在1月還是2月。如果是2月，我就會特別期待這個必訪行程——全日本最早盛開櫻花的伊豆河津。

那一年也是，不論是置身東京車站，還是去到700公里之外的新青森車站，都可以看見同一張標題為「2月の伊豆は河津桜」的海報，可見伊豆河津櫻聲名遠播。

來一趟賞雪又賞櫻的旅程 NOTE

2月的日本其實很奇妙。當某些地區仍處於飄雪的寒冬時，其他地方卻已是花蕾初綻——較溫暖的地區，河津櫻早早就在2月盛開。以我某次的旅程為例，在抵達東京後，我立即搭新幹線前往白雪世界的青森，接著往南到同樣被白雪覆蓋的草津溫泉，最後才來到粉紅世界的伊豆河津，是一趟先賞雪、後賞櫻、非常充實的旅程。當然，我也曾規劃過先賞櫻、後賞雪的行程。

1　較溫暖的地區，河津櫻早早就在2月盛開。
2-3　從東京出發的話，搭乘踴子號列車最便利。不過使用 JR Pass 的旅客要注意，踴子號是全車指定席，乘車前務必記得劃位。

前往伊豆河津的交通 INFO

前往河津的交通很簡單，從東京出發的旅客有兩種 JR 路線可選擇：第一是搭乘全車指定席的踴子號列車，約 2.5 小時可直達目的地；第二是搭乘新幹線後在熱海站轉車，全程約 2 小時，雖然較快，但需要轉乘。我個人偏好搭乘直達的踴子號列車，不過要注意的是，這是全車指定席列車，若遇上遊客特別多的週末（尤其是 2 月 11 日的建國紀念日），當天購票很可能會遇到客滿的情況。

從東京出發的期間限定巴士也是一個選擇，詳情可在河津櫻官網查詢；一日旅遊團則特別適合有長者同遊的旅客。至於自駕需特別注意停車問題，車潮通常在上午 9 點半後湧入，中午前整場 1,500 個車位幾乎滿位，許多車輛都只能在路邊等候車位。我從車牌觀察到不少車輛來自金澤、千葉等地，可見許多遊客都是遠道而來。

從河津站開出的火車駛過鐵道橋梁的一瞬間，與兩岸滿開的櫻花交織出經典美景。

遇見河津川畔最早綻放的春天

　　河津櫻最顯著的特徵是花朵大，呈粉紅色，比常見的吉野櫻更為鮮豔，是緋寒櫻及大島櫻自然交配孕育出的品種。伊豆河津櫻之所以成為日本最早開的櫻花，主要是因為地理因素：靜岡縣的熱海與伊豆半島緊鄰溫暖的太平洋海域，使得開花時節比其他地區更早。

　　河津櫻的花期很長，普遍橫跨整個2月分，旅客高峰期集中在2月初到中旬；相較之下，日本大部分地區都要等到3月中才邁入花期。遊客一踏出河津車站，便能立即看到櫻花盛開的景致，而最令人驚豔的美景就位於近在咫尺的河津川兩岸。旅人可以很快走進粉紅色的櫻花隧道，盡情享受河津櫻帶來的早春氣息。

連綿數公里的河津川沿岸有850多棵深粉紅色的河津櫻，人行道兩側也種滿櫻花，景色十分壯觀。

伊豆河津櫻號稱是「全日本最早的櫻花」，我每次造訪的時間都是一年之始的農曆新年。一旦有幸看到滿開的櫻花，彷彿接下來的一整年都備受「祝福」！

這天適逢週末，又是建國紀念日，整個區域擠滿了國內外的遊客。沿途遊人一邊賞櫻，一邊品嘗甘酒、櫻花鯛魚燒、櫻花饅頭、霜淇淋等美食，節慶氣氛濃厚，熱鬧程度堪比京都。全長 4 公里的河津川，沿路種植 850 多棵河津櫻花樹，景致壯觀，即使不停下來賞花或拍照，也需要一小時才能走到終點。從海岸為起點，沿途共有八條行人橋，我習慣走到豐泉橋（第五道橋），走完整條河津川的櫻花道約四分之三，便告別河津川，轉向山邊行走——這是為了要拜訪河津櫻的「原木」。

1 ｜ 為期一個月的河津櫻花祭，沿途滿布許多攤位，再加上假日遊人特別多，節慶氣氛十足。

2-3 ｜ 現場有販賣河津櫻木的攤位，讓人可以買回家自種。

可欣賞到櫻花的整段河津川，共有八條行人橋，欄杆都漆上鮮紅色，與兩旁鮮豔的河津櫻真是完美絕配。

1-3 | 河津櫻的祖先「河津櫻原木」。當天原木與河岸櫻花都是滿開，氣勢十足。

探訪河津櫻的誕生密碼

1955 年，住在河川町的飯田家發現了河津櫻花幼苗，並在自家庭園種植，那就是「河津櫻之祖」──全世界第一棵河津櫻；而河津櫻一名直到 1974 年才正式確立。如今旅人來到飯田家，常會看到警察在指揮交通，以及遊客在樹旁或對面此起彼落地拍照。

這株河津櫻原木已有 80 年樹齡，高約 10 公尺。我曾有幸目睹它開滿櫻花時的壯觀景象，想到河津川兩旁的 850 多棵櫻花樹，乃至日本全國的河津櫻，都是眼前這棵櫻花樹的後代，不禁感嘆萬物繁衍的奇妙。因此，每一趟我都會先在河津川賞櫻，最後才前往探訪河津櫻原木，親眼一睹這棵河津櫻之祖。

從純白雪國到粉紅櫻國的奇妙之旅

累積了幾趟河津旅程，我自己對於「草津溫泉＋伊豆河津」這趟先賞雪、後賞櫻的旅程特別印象深刻。當時欣賞著河津櫻花展現的一幕幕深粉紅畫面時，腦海中不禁浮現出數天前在草津溫泉看到的純白色景致。這兩種截然不同的色彩重疊交織在一起，為這趟集結兩種季節的旅程留下重要的註腳，永遠珍藏在我的旅行回憶寶盒中。

在另一趟旅程中，我選擇住在熱海，而非從東京出發。這樣的安排不僅能有更多時間在河津賞櫻，還可以前往熱海梅園賞梅。園區內種植了超過 400 棵不同品種的梅樹，號稱是日本第一早開的梅花。總之，2 月的靜岡除了有伊豆河津櫻，熱海梅園的梅花也不甘示弱地盛開綻放。能一次欣賞到兩種幾乎同時盛開的春花，正是這趟靜岡縣之行的最終目標。

順帶一提，除了熱海梅園，同屬關東地區、位於北方茨城縣的偕樂園，我認為也是欣賞「滿開」梅花的好地方（詳見本書 3-1 文）。

1-2 ｜ 擁有日本最早盛開梅花的熱海梅園。有些旅客會安排同一天走訪河津川與熱海梅園。

information

河津櫻官網｜kawazuzakura.jp
熱海市觀光官網（含熱海梅園資訊）｜ataminews.gr.jp

町田街道入口
Machida-Kaido Ave
この道路は連続雨量150mmを
超えると通行止になります
八王子市東浅川町

4 春與秋の東京幸福

1 東京賞櫻散策
收藏在記憶寶盒裡的都會春日

■千鳥淵公園 ■井之頭恩賜公園 ■新宿御苑 ■上野恩賜公園 ■隅田公園

寒冬過去，春暖花開的季節終於來臨。我喜歡春天，因為它散發著新希望的氣息，彷彿在提醒自己，今年會比去年更美好；而春天也是一個適合規劃未來、思考重要事情的季節。

因此，在那年仍帶著些許寒意的初春日子裡，我沐浴在明媚的陽光下，一口氣遊訪多個賞櫻勝地，展開了一趟令人滿足的賞櫻之旅。

漫步城市的粉色微旅行

這趟賞櫻之旅，我從羽田機場下機，準備搭上首班離開機場的單軌列車。在月台上候車時，一股春日的新鮮空氣迎面而來，實在讓人心情舒暢；不到半小時，便抵達熟悉的東京車站。說個題外話，我喜歡羽田機場勝過成田機場，應該有不少人與我同感，因為從羽田前往東京市區實在太方便了。

清晨 6 點多，早餐選擇不多，但在東京車站八重洲出口附近，有一家 24 小時營業的松屋牛丼專賣店（目前這家松屋已歇業）。我曾去過那裡，決定再去一次。走著走著，沒想到在八重洲的某個街角，忽然遇見兩排盛開的櫻花樹，每隔幾公尺便有一株。我站在樹下，抬頭凝望滿樹的櫻花，心中瞬間湧起淡淡的感動——這是好兆頭嗎？今人的賞櫻之旅會一切順利嗎？或者今年的計畫都能如願實現？總之，我的東京賞櫻之旅就在這個驚喜的瞬間拉開了序幕。

吃過早餐後，我元氣滿滿地展開了這天的旅程。

我是這樣安排行程的……

	千鳥淵公園	新宿御苑	井之頭恩賜公園	上野恩賜公園	隅田公園
開園時間	24 小時	9:00 開園	24 小時	5:00 開園	24 小時
閉園時間	無	賞櫻季 17:30 閉園 其他時間應季節而定	無	23:00 閉園	無
門票資訊	不需門票	全票 500 日圓	不需門票	不需門票	不需門票

日本廣為人知的櫻花
NOTE

舉凡規劃日本的賞櫻、賞楓或賞雪旅行，出發前一定要留意日本氣象廳公布的相關資訊。說到日本國內的櫻花品種，竟多達 600 種以上，全國各地從 1 月下旬到 6 月間，櫻花會陸續綻放。由於不同品種的開花期各不相同，再加上櫻花從開花到盛開、最後凋謝，通常僅持續一到兩週，因此選對時間與地點非常重要。

在日本櫻花界中，有四種最廣為人知的櫻花，依開花順序分別是：河津櫻、垂柳櫻、八重櫻及染井吉野櫻。此外，其他知名品種還包括山櫻、緋寒櫻、寒櫻、大山櫻、關山櫻、大島櫻等。其中，大島櫻因生長於寒冷的北海道，是日本開花最晚的櫻花品種。

河津櫻

❋ 開花期：約 1 月下旬到 3 月中。

離東京很近的伊豆，可看到全日本最早開的櫻花「河津櫻」。河津櫻是大島櫻及緋寒櫻的自然雜交品種，比起被喻為日本典型櫻花的染井吉野櫻，其花瓣色稍濃一點。

垂柳櫻

(Sakaori／攝，CC BY-SA 3.0)

❋ 開花期：約 3 月至 4 月。

垂下來的細長樹枝，無疑是垂柳櫻最顯著的特徵。它通常生長在河堤邊，像柳樹般隨風飄揚，彷彿在向路人打招呼，盛開時的景象更宛如下著櫻花雨，美得令人陶醉。垂柳櫻還被譽為日本櫻花界的「長壽樹」，樹齡可達 300 年左右。其中，日本三大巨櫻之一的「三春瀧櫻」位於福島縣，其樹齡更是超過 1,000 年。在東京，則以六義園的垂柳櫻最有名。

八重櫻

❋ 開花期：約 4 月下旬至 5 月上旬。

日本櫻花可分為「一重咲き」（單瓣）與「八重咲き」（重瓣）兩類。「八重咲き」雖然名字中有「八」字，但實際上只要花瓣數超過五片的品種，都會被歸類為「八重咲き」。

或許許多人不知道，金澤兼六園的菊櫻是日本花瓣數最多的珍貴櫻花品種，一朵花竟有300多片花瓣！如果想在東京欣賞這種蓬鬆感十足的華麗櫻花，那麼去新宿御苑就對了。

（Arashiyama／攝，CC BY-SA 3.0）

染井吉野櫻
✿ 開花期：從3月下旬開始，由南往北逐漸盛開。
　　　　　在東京通常於4月左右達到最佳觀賞期。

我這趟4月初的東京之旅，當然就是為了染井吉野櫻！

吉野櫻被譽為日本最典型的櫻花，日本氣象廳公布的預報也是以吉野櫻為指標。吉野櫻是「一重咲き」的代表品種，擁有五片花瓣，因為容易種植且生長快速，二戰後被廣泛栽種。

如今，絕大多數人所嚮往的賞櫻，都是針對吉野櫻的品種。其花色呈粉紅色，散發著恬淡優雅的氣質。此外，吉野櫻的花冠比其他品種更大，盛開時格外引人注目，展現出令人驚豔的美麗。

皇宮前廣場。

我打的如意算盤是這樣的：東京車站的丸之內出口正對著廣闊的皇宮，而千鳥淵公園位於皇宮護城河的西側。新宿御苑和井之頭恩賜公園都位於東京的西邊，屬於同一方向，因此我計畫在離開千鳥淵公園後，搭乘JR電車，前往這兩個相對較遠的景點。

中午過後，則再返回東京車站，前往上野恩賜公園，最後以淺草的隅田公園作為櫻花之旅的終點。如此安排，不僅動線順暢，也算是走訪了東京各大特色景點。

| 第一站 |　**千鳥淵公園的春櫻護城河**

　　如果想在繁華忙碌的東京市中心尋得一片淨土，我會聯想到千鳥淵公園。這片公園兼容並蓄，既擁有江戶城遺址的歷史韻味，又融合了現代化建築的都市氣息，讓人彷彿穿梭於過去與未來之間。占地廣大的千鳥淵公園設有多處入口，且鄰近多個地鐵站。如果主要目的是來賞櫻，最近的地鐵站是「九段下站」和「半藏門站」。

千鳥淵公園的櫻花盛開與河上的點點泛舟，是東京著名的春日美景。而且昔日是可以望到東京鐵塔的，可惜新的高樓大廈落成後，不復再見這樣的景貌。

我從東京車站出發，步行約半小時來到千鳥淵公園。通常早上9點以後，公園便開始湧現人潮，由於步道狹窄，悠閒賞櫻的氛圍與興致其實很難維持。因此，清晨前來的好處就是——不用與其他外國遊客人擠人。這個時段只有少數本地人，大家都安靜有序地漫步，且可以隨心挑選喜歡的角落，全然沉浸於櫻花盛放的美景中。而千鳥淵公園最經典的畫面，莫過於護城河上泛舟與岸上櫻花交織的景致，可惜我來得早，無緣目睹這幅經典之景。順帶一提，泛舟的費用每半小時約1,000日圓，每艘船最多可搭乘三人，但在花季期間往往大排長龍。

　　千鳥淵綠道是園區賞櫻的核心地帶，沿著皇居護城河整建而成、長達700公尺的步道，吸引了無數的賞花人潮。這一天，護城河周邊的數百棵櫻花已經盛開，吉野櫻雪白的花瓣間透著淡淡的紅暈，五片花瓣簇擁著鵝黃色的花蕊，細膩而迷人，偶爾清風吹過，散落的櫻花如雪片般飛揚，彷若置身夢幻之境。到了晚上，綠道上更可以欣賞到燈光照耀下的夜櫻，與白天的景致截然不同，別有一番浪漫情調，令人流連忘返。

　　千鳥淵公園周邊還有許多值得一遊的景點，例如日本武道館、科學技術館，以及東京國立近代美術館。若時間充裕，不妨順道探訪一番。我繞著護城河走了一圈，心願已了，便踏上下一站的旅程。

盛開的櫻花樹下，映襯著皇宮正門石橋的美景。

清晨下，皇宮城牆的倒影十分清晰。

數不盡的櫻花花瓣散落在千鳥淵公園水池上,美不勝收。

| 第二站 | **新宿御苑的寧靜之櫻**

　　從「新宿御苑」的「御苑」二字便可猜到,這裡曾是昔日皇室的專屬庭院,如今則成為開放給大眾的國民公園。新宿御苑設有三個主要入口,分別是「新宿門」、「大木戶門」與「千駄谷門」。其中,新宿門距離 JR 新宿站較近,許多人選擇從那裡步行前來,路程約需十多分鐘。我則搭乘地鐵,在新宿御苑前站下車,步行約 5 分鐘便抵達位於御苑東側的大木戶門。在櫻花盛開的旺季,各個入口都擠滿了人潮,入園除了需要購買門票,也要接受隨身物品的檢查,因為園內明令禁止攜帶酒類,以及可能破壞植物的器材。

人們可從高大的樹木間望見彷如美國帝國大廈的 NTT 大廈，
與盛開的櫻花海組成一絕的景色。

東京賞櫻期最長的景點
NOTE

新宿御苑面積極大，占地58公頃，櫻花樹多達1,300株，種植之密集，無論走到園區的哪裡，都能邂逅櫻花美景。其中，櫻花樹最多的區域就在日式庭園與風景式庭園。另外，御苑的櫻花種類也很豐富，全日本共有600多種櫻花，而御苑內竟匯聚了70多種，約占全國品種的10%，除了最常見的吉野櫻，還種植了山櫻、大島櫻、垂柳櫻等多種櫻花，可說是全日本櫻花的濃縮集錦。這或許與其昔日作為皇室庭院的特殊地位有關，讓此處成為櫻花品種的寶庫。因此，御苑也成為東京都會區「賞櫻期最長的景點」之一，從3月下旬起，吉野櫻與山櫻等早櫻便開始綻放，進入4月中旬後，普賢象櫻等晚開的八重櫻則接力登場；我這次也有幸一睹山櫻的風采。

1 ｜ 御苑的特色就是「面積超大」，占地廣達58公頃。
2 ｜ 御苑有70多種櫻花品種，3月下旬起可欣賞到吉野櫻與山櫻。

3-4 ｜ 新宿御苑是東京都會區「賞櫻期最長的景點」。

新宿御苑由三種不同風格的庭園組成，分別是：日式庭園、風景式庭園與幾何式庭園。風景式庭園指的是擁有大片草坪與巨木的英式庭園，而幾何式庭園則展現了經典的法式庭園風貌，兩側排列著長達 200 公尺、共 140 棵樹木的筆直林蔭大道，規整壯觀。

　　御苑內的草地相當廣闊，隨處可見本地人或外國旅客在櫻花樹下鋪上野餐墊，邊賞花邊享受三明治、水果等輕食，沉浸在櫻花的美景中。與其他常見的賞櫻地點相比，例如可以喝酒、設有攤販的上野恩賜公園，新宿御苑的賞櫻氛圍顯得截然不同。或許因為前身是皇室庭園的緣故，這裡禁止飲酒，整體氛圍也偏向小清新或家庭風，少了些喧鬧，多了一份靜謐與悠閒。

　　至於說到御苑最讓我迷戀的經典畫面，非風景式庭園莫屬。置身在這片廣闊的草地中，可從高大樹木之間遠眺後方的新宿高樓建築群，構成了一幅都市與自然交融的景致。其中，最引人注目的是被喻為新宿地標的「NTT DoCoMo 代代木大廈」，是東京都的第四高樓（240 公尺），若將天線也納入計算，其總高度則為 272 公尺，成為都內最高的摩天大樓。這座建築以類似美國紐約帝國大廈的獨特外觀成為群樓中的焦點，而當盛開的櫻花與其同框，更是其他賞櫻景點無從複製的絕景。

　　當然，由於御苑的面積實在太大，想要走遍整個園區並不實際，所以我的路線是：從大木戶門入園，沿途賞櫻，先遊覽了風景式庭園，再前往日式庭園，最後順路走到新宿門，結束這趟愉快的御苑賞櫻之旅。

| 第三站 | **井之頭恩賜公園的櫻色地毯**

　　吉祥寺井之頭恩賜公園位於東京都的武藏野市，從新宿車站搭乘 JR 電車前往吉祥寺站，約 30 分鐘即可抵達。吉祥寺的繁華地帶主要集中在車站周邊，由於不是在市中心，物價相對親民。步出車站，通往公園的主要路線是一條充滿雜貨店、餐廳等小店鋪的街道，雖然不如都心那般寬敞，卻有著日式街頭巷弄的淡雅風情。若不逛街，步行幾分鐘便能抵達公園。

眾人在櫻花樹下野餐的熱鬧景況。

井之頭恩賜公園名列「日本百大賞櫻地」之一，公園以「井之頭池」為中心，向四方鋪展開綠地，約有500株櫻花樹圍繞在湖泊周邊。這座湖其實更像是一座水池，面積達4萬多平方公尺，以其豐沛的水源而聞名。與千鳥淵一樣，這裡也可以划船賞櫻。

　　當天，湖畔的吉野櫻與山櫻正值盛開，枝頭上滿是綻放的花朵，由於樹枝朝湖心低垂，旅客在划船時能近

距離接觸櫻花，甚至可以輕輕掬起飄落在水面上的花瓣，浪漫氛圍令人陶醉。我雖沒下水體驗，但與千鳥淵相比，我認為井之頭恩賜公園多了份「被櫻花完全包圍」的獨特感受，船上遊客不僅被湖畔兩側滿開的櫻花樹簇擁，更如置身「粉色地毯」之上：大量櫻花瓣飄落，猶如地毯一樣鋪滿整片水面，這是用來形容櫻花季夢幻美景的專屬名詞。千鳥淵因為河道較寬闊，比較難完整鋪成。

井之頭恩賜公園的源頭就是這座美麗的湖泊；攝影時接近中午，大家一邊沐浴在櫻花美景中，一邊愜意地划船。

與新宿御苑相比，井之頭恩賜公園的規模確實比較小，但也因此可以輕鬆繞湖一圈，完成一場簡單卻心滿意足的輕旅行。此外，穿過井之頭恩賜公園後，還可以一路步行至三鷹的吉卜力美術館，許多人會將這兩個景點安排在同一天。

1-4 | 這裡毫無疑問地充分展現出井之頭恩賜公園「粉色地毯」的精彩，超級夢幻！

第四站 | 上野恩賜公園的櫻花祭熱浪

從吉祥寺站搭乘 JR 電車，約 50 分鐘即可抵達上野。走出上野站，選擇往公園方向的出口，便能直接到達上野恩賜公園的側門。其實，公園有多個入口，其中靠近京成上野站的入口也非常熱門，這裡是通往櫻花樹較多的「櫻花通」與不忍池的捷徑。上野恩賜公園與井之頭恩賜公園均帶有「恩賜」一詞，原來這兩片廣闊的公園綠地原本屬於皇室用地，後於 1924 年交由東京市管轄，因此冠上「恩賜」之名。

我到東京旅遊時曾多次選擇入住上野的旅館，對這一帶可說是熟門熟路。上野恩賜公園內擁有大片綠地、神社寺廟、博物館、美術館、動物園等設施，此外還有熱鬧的商圈「阿美橫町」，這些地方花上一整天都逛不完。不過，這次前往公園賞櫻卻是我第一次的經驗。

上野恩賜公園是歷史悠久且非常知名的賞櫻景點，園內栽種了多達 1,100 株櫻花樹，也是以吉野櫻為主。但比起單純賞櫻，我認為「上野櫻花祭」才是讓此處從眾多賞櫻勝地中脫穎而出的原因。上野櫻花祭的規模堪稱全日本最大，每年都吸引大量民眾和海外遊客參與，祭典活動多集中在靠近上野東照宮與弁天堂（不忍池附近）的區域，除了有各種祭典活動外，還有許多美食攤販。攤販通常從早上 10 點開始營業，一直持續到晚上。夜晚亮燈後，氣氛更加熱鬧非凡。

說到賞櫻，一定要提到「花見」（はなみ）這種日本傳統的重要活動。花見不僅是坐在樹下賞花，還包括在樹下飲清酒、品嘗花見糰子、花見便當等日式點心。上野恩賜公園和井之頭恩賜公園一樣，都是公司或團體

1-2 | 上野櫻花祭是全日本最大型的祭典活動，美食攤位於早上 10 點開始營業直到晚上。

1 | 原來是先在地上鋪上紙箱，再鋪上大張餐墊，坐起來比較舒服。
2 | 帝有使用紙箱組合成的小桌子，方便享用美食。

1-2 孤單一人駐守的畫面，與這五人組的熱鬧開心、並接受電視台女記者訪問的畫面，真是強烈對比！

舉辦花見會的熱門地點。因此，賞櫻的黃金位置通常早早就被鋪上大張餐墊，並派人駐守。

我在上野觀察到許多花見會，發現負責駐守的大多是資歷尚淺的年輕職員。其中，有幾位職員接受電視台的訪問，話題可能都圍繞在「提早多少小時或多少天來占位」、「如何消磨等候的時間」、以及「花見會的參加人數」等。大多數人因為結伴而來，並不覺得無聊，往往能面帶笑容地回答。然而，另一邊卻只有一個人躺在鋪好的餐墊上，裹著睡袋熟睡，看起來像是通宵達旦地獨自留守。這種帶著些許孤單感的場景，與那幾名興高采烈的職員形成強烈對比。

我在上野恩賜公園走了一趟，充分體驗日本最大櫻花祭的熱鬧與擁擠後，準備邁向最後一站。

最豪華的「醍醐花見」 NOTE

據說日本的賞花習俗最早源自中國唐朝，當時以觀賞梅花為主。後來，因人們認為「櫻花象徵聖潔」，才逐漸轉變為賞櫻。1598 年的「醍醐的花見」是日本歷史上最豪華的花見會之一，當時年邁且身體抱恙的豐臣秀吉率領超過千人的龐大隊伍，浩浩蕩蕩地來到醍醐寺舉行賞櫻大會——這場盛會隱含著為自己舉辦「人生華麗謝幕」的特殊意義。如今，被列為世界遺產的醍醐寺，不僅是京都、更是全日本知名的賞櫻勝地之一。我也期待未來能有一場「從京都出發，遊訪多個賞櫻勝地」的大滿足旅程。

第五站　隅田公園的河岸櫻景

從上野搭乘地鐵，約十多分鐘抵達淺草站，再步行數分鐘即可到達隅田公園。如果有三、四人同行，不妨選擇搭乘計程車，因為車資與搭地鐵相差不多，所以我們毫不猶豫地在上野恩賜公園出口攔了一輛計程車。

來到隅田川，讓我想起多年前在夏天欣賞過的隅田川花火大會，那人山人海的超級盛況至今仍然印象深刻。

曾讓我見過美麗花火的隅田公園，如今盛開另一種形式的「花火」──櫻花。

我在河岸旁愜意地漫步與賞花。

晴空塔與櫻花的同框美景。

隅田川分為東岸的墨田區和西岸的台東區，前者約有 400 棵櫻花樹，後者則有 600 多棵，兩區合計約 1,000 棵，品種以吉野櫻為主，其次是大島櫻。在晴空塔尚未出現之前，這一帶就已經是賞櫻的熱門地點，晴空塔落成後更一躍成為高人氣的賞櫻名所。而且，這裡的辨識度相當高，一看到晴空塔、櫻花與河川美景同框的照片，就能立即認出是「隅田公園」。想要拍到最佳角度的同框照片，就要到隅田公園靠淺草那一側，除了可以拍下壯觀的晴空塔全貌，更可以捕捉河岸櫻花、隅田川與觀光船同框的美景。

　　隅田公園最主要的賞櫻區位於吾妻橋與櫻橋之間，全長約一公里。我繞了一圈，將兩岸櫻花美景盡收眼底，全程大約兩公里多。我從西岸開始散步，跨過吾妻橋到東岸，在河岸旁愜意地漫步，一邊欣賞粼粼波光，一邊沉醉於淡粉色的櫻花世界。走到櫻橋後，再橫越櫻橋返回西岸，最後走回起點吾妻橋。沿途有不少咖啡廳，如

果不趕行程，不妨挑一間坐下來，邊喝咖啡邊欣賞晴空塔的景致。

雖然這裡不像千鳥淵公園或井之頭恩賜公園那樣可以在花河中划划小船，但遊客可以搭乘屋形船或水上觀光巴士，悠哉地賞櫻並享受水上時光。不過這些船票都很快客滿，一定要提早許多天預約。

走訪了五個各具特色的東京賞櫻景點後，整體體驗實在令人心滿意足。其中千鳥淵公園、井之頭恩賜公園與隅田公園，我會選擇其中兩處帶父母再來一趟，很期待能和他們在東京細細品味櫻花之美。此外，清晨賞櫻留下了特別的回憶，整個千鳥淵公園在美好的清晨中生機勃勃，盛開的櫻花在柔和晨光的愛撫下甦醒，讓我完全沉醉其中⋯⋯當時一幕幕的動人畫面，即使過了多年依然歷歷在目。

這次，由於隔天還安排了其他春景的觀賞行程，我在傍晚便離開了東京，否則我一定會安排第六個勝地來欣賞璀璨的夜櫻，為一整天的東京賞櫻之旅畫下更完美的句點。不過轉念想想，許多回憶令人特別難忘，不也是因為留下了那一點點不完美嗎？這些小小的遺憾，也為未來的旅程創造了更多可能性。

1 ｜ 隅田川兩旁合計共有 1,000 多棵櫻花樹。
2 ｜ 十分熱門的觀光船，記得事前預約。
3 ｜ 隅田川櫻花祭，設於隅田公園靠淺草那側。

information

新宿御苑 ｜ fng.or.jp

我在綿延不斷的隅田川櫻花步道繞了一個圈子，不但為當天的賞櫻之旅畫上美麗句號，也繪製了多幅以此地為主題的作品。

隅田公園的櫻花岸，辨識度相當高，一看到晴空塔、櫻花與河川美景同框的照片，就能立即認出。

2 金葉飄舞的東京
四大銀杏名所的金色饗宴

■ 明治神宮外苑 ■ 國營昭和紀念公園 ■ 八王子甲州街道 ■ 東京大學

日本的秋天，擁有兩種令人屏息的主色調——赤豔的楓紅與金黃的銀杏，兩種景色可說是不分軒輊。第一次到日本觀賞秋季限定美景時，因為只有短短三天，不得不精打細算。於是我仔細研究情報網站，找出兩個在當天的觀賞指數皆屬上乘的景點，進而規劃了能同時滿足兩個願望的「貪玩行程」——在 11 月的初秋，清晨一抵達日本後，立刻前往東京近郊的高尾山賞楓（詳見本書 4-3 文）；午後，又迅速回到市區的明治神宮外苑賞銀杏。在同一天內將兩種如夢似幻的景色盡收眼底，貪玩之願成功達陣！

我在東京遇見的金色時光

東京都與近郊的賞楓、賞銀杏熱門景點眾多，其中有些地方可以同時觀賞到楓葉與銀杏（如國營昭和紀念公園），有些則以楓葉為主（如高尾山），也有些地方主要是欣賞銀杏（如新宿御苑、代代木公園、六義園、濱離宮恩賜庭園、小石川後樂園、井之頭恩賜公園）。

後來在好幾次的東京秋季之旅中，銀杏景點竟慢慢成為我的行程主軸。無論是「金黃色的世界」、「金黃聖誕樹」還是「最美的黃金隧道」，這些形容詞都恰如其分地描繪出日本的銀杏美景。其中，明治神宮外苑、國營昭和紀念公園、八王子甲州街道與東京大學，常被譽為東京賞銀杏的四大熱門景點，在網路上的討論度往往高於新宿御苑、代代木公園等地。這是因為這四處景點都擁有獨特的「標誌性特色」，是其他地方所不及的。

可以這樣安排行程……

① 明治神宮外苑
② 東京大學
③ 國營昭和紀念公園
④ 八王子甲州街道

兩大精選路線推薦 INFO

經過數次秋季旅遊的經驗，我推薦兩條精選路線。

第一條是一日遊覽四大銀杏勝地：由於明治神宮外苑和東京大學位於交通便利的東京市區，建議早上先前往這兩處。接著在中午時分前往較遠的八王子甲州街道和國營昭和紀念公園，最後可以欣賞國營昭和紀念公園的倒影美景，並停留至夜間參加點燈活動。

第二條路線則是楓葉與銀杏葉的組合之旅：早上先到高尾山觀賞楓葉，中午再轉往鄰近的八王子甲州街道或國營昭和紀念公園欣賞銀杏美景。

無論選擇哪條路線，請特別注意：秋季的天色大約在下午4點後就會轉暗，務必把握寶貴的參觀時間。

相信許多造訪過的遊客都會認同，前兩個景點當之無愧地位居第一、二名。用「壯觀震撼」來形容明治神宮外苑那片密集的高大銀杏林，一點也不誇張，這裡的銀杏樹都擁有百年歷史，是四大景點中最高大的。至於國營昭和紀念公園，則擁有各具特色的兩處景點：銀杏大道和運河廣場，其景致之美令人目不暇給。

八王子甲州街道的銀杏樹綿延 4 公里，雖同樣「壯觀」，卻與明治神宮外苑的密集型態大不相同。這裡的壯觀在於數之不盡的銀杏樹所營造出的連綿風光。在秋意正濃時漫步其中，一路前行，盡是看不完的銀杏美景，那份綿延不絕的幸福感動，彷彿暗示著生命中的美好事物都能長長久久。而東京大學的本鄉與彌生校區，則以「最美的黃金隧道」聲名遠播。這裡的銀杏樹佇立於歐式建築之間，不僅呈現出自然與人文的完美融合，更為整體景致增添了濃厚的文藝氣息。

| 第一站 | ## 明治神宮外苑的參天銀杏

明治神宮外苑位於市中心，十分容易前往。若搭乘地鐵，青山一丁目站或外苑前站都可以下車，兩站皆在同一條路上，徒步約 5 分鐘即可抵達。若搭乘 JR 列車，

明治神宮外苑銀杏大道上的參天銀杏，與周邊景致構成充滿秋天風情的畫面。

則可從另一個方向的信濃町站出發，徒步約 8 分鐘，途中會經過聖德紀念繪畫館。由於神宮外苑鄰近新宿御苑、表參道、澀谷、原宿，遊客除了賞銀杏外，也可將這些景點納入一日遊路線中。

建於 1926 年的聖德紀念繪畫館已被指定為國家重要文化財產，堪稱明治神宮外苑的象徵與地標。不過對外國遊客而言，重點不在於入內觀賞藝術作品，而是欣賞

秋天，我從來沒有把它與「凋零」聯想在一起，反而覺得它是一個充滿活力與色彩的季節。

建築外觀。這座以巨岩和大理石建成,並以馬賽克瓷磚裝飾的繪畫館,具有中央半圓形頂部的厚實穩重外觀,許多遊客喜歡在銀杏大道上拍攝它與銀杏盛況構成的經典畫面。

　　明治神宮外苑的銀杏大道上矗立著140多棵樹齡約百年的參天銀杏,綿延300公尺,11月下旬到12月上旬是最美的時刻。那個下午,在陽光照射下,金黃色巨樹的英姿讓人難以忘懷。我從車站出來後,遠望那些尖而高聳的銀杏,感覺就像是金黃色的聖誕樹,這是我第一次見到如此大規模且氣勢磅礴的銀杏林。漫步在人行道上,抬頭望著這些高大的銀杏,每當輕風吹過,濃淡不一的銀杏葉隨之搖晃,就好像是一隻隻黃蝴蝶翩翩起舞。

明治神宮外苑的銀杏大道,每逢秋季,必定吸引大量遊人。

透過顏料、筆觸與我的感動,把「心中最美的明治神宮外苑銀杏大道」呈現給大家。

這裡在週末或每年11月中至12月初的「神宮外苑銀杏祭」期間更是熱鬧，銀杏大道從早到晚都被滿滿的人潮占領（「占領」這說法一點也不誇張）。銀杏祭典期間，聖德紀念繪畫館那一帶還會特別設置美食區與現場表演區，成為最多人潮聚集的核心區域。到了夜晚，銀杏大道更有特別的燈光照明，被點亮的銀杏呈現出與白天截然不同的迷人風情。

|第二站| 國營昭和紀念公園的水岸銀杏

　　許多旅人為了逃離市區的煩囂與人潮，選擇前往位置較偏僻的「半郊區」景點，其中國營昭和紀念公園就是一個熱門選擇。然而，這個想法其實有點過於樂觀，因為在週末時，這裡一樣會湧入大量遊客。根據我七、八年間多次造訪的經驗，只有平日才能真正享受到較清幽的氛圍。

　　當我抵達公園，穿過立川口閘口，映入眼簾的運河廣場令人恍如置身歐洲。廣場中央是一片平靜如鏡的水池，兩旁整齊對稱地排列著長約200公尺的銀杏樹。在公園內幾處以銀杏聞名的景點中，唯獨這裡能欣賞到銀杏樹倒映於水中的夢幻景致。

遠遠看去，其實銀杏很像金黃色的聖誕樹。

兩處相距半小時路程的出口

雖然這座公園位於東京都心之外，但交通相當便利，搭乘 JR 列車即可輕鬆抵達。遊客可以選擇在立川市中心的立川站下車，步行約 15 分鐘可抵達公園的主入口「立川口」；或是選擇在較小的西立川站下車，一出站就能看到「西立川口」。這座占地廣人的付費公園擁有兩處特色銀杏區域：一處是靠近立川口的運河廣場，另一處則是靠近西立川口的銀杏大道。由於這兩個景點都值得一看，因此不必太糾結該從哪個入口進入，只需選擇「立川口→西立川口」或相反方向的路線即可。要注意的是，這兩處的距離至少需要步行半小時。

公園的夜楓點燈之夜

正如開頭介紹的，這座公園不僅有銀杏，還有日本庭園的紅葉可以觀賞，因此這裡的夜間點燈活動也是公園年度重要的活動之一，每年 11 月舉辦，為期約兩週。日本庭園從下午 4 點半開始亮燈，一直持續到晚上 8 點半，9 點準時閉園。在燈光柔和的映照下，紅葉呈現出與白天截然不同的浪漫氛圍，色彩也顯得更加溫柔。這樣的美景，讓人很期待未來能再次到訪體驗。

穿過立川口閘口，便是左右兩排種滿銀杏樹的廣場。銀杏倒影的畫面，在將近日落時，格外豔麗。

實景、倒影交融為一體，金黃色感如此強烈，我想在每一個人心中都留下深刻的印象與記憶。

「最美的黃金隧道」的景象，攝於平日下午，無論抬頭、低頭都能見到滿滿的銀杏葉。

若要捕捉最佳的倒影效果，通常是在色彩最為絢麗的日出或黃昏時分。那天我選在下午3點多到訪（考慮到秋季4點後天色漸暗），這個時間點再理想不過。蔚藍的天空與金黃的銀杏形成強烈的視覺對比，「藍黃相間」的色彩搭配格外引人注目。另外，當時右側的銀杏樹正被陽光溫柔地映照著（若是清晨造訪，猜想會是另一排樹木受光？），噴泉池面完美地倒映出這片景色，實景與倒影交織成一幅金黃色的豐富畫卷，我不由得「哇」地驚嘆一聲。

接著，我前往園內最著名的景點——靠近西立川口的「黃金隧道」，全長300公尺，兩旁種植近100棵銀杏樹，可說是這座公園的壓軸景點。這些年來，我總共造訪「黃金隧道」四次，其中三次在平日，一次在假日，但只有一次有幸欣賞到「最美的黃金隧道」。「最美的黃金隧道」必須同時具備兩個條件，缺一不可：「抬頭—滿天」是銀杏樹葉，以及「低頭—滿地」也都是銀杏落葉。

那次難得的美景是在一個平日下午——「平日」也確實是必要條件之一，因為假日時銀杏大道總是人潮洶

這張照片攝於運河廣場，是從廣場往立川口閘口方向回望的景象，也就是先前那張銀杏倒影的拍攝地點。離開運河廣場後，我懷著期待的心情繼續前往西立川口的「黃金隧道」，步行約需 20 多分鐘。

湧，根本無法好好欣賞（與拍攝）遍地金黃。那個晴朗的下午（這也是幸運之處），現場包含我在內僅有十多人，我想在場人人都興奮不已，因為無論站在哪個角落，抬頭望去都能看見茂密的銀杏樹葉層層交疊，將整片天空遮得密不透風，連一絲藍天都看不見；而低頭看去，銀杏落葉鋪滿整條道路，形成一片「金黃色地毯」。總結來說，就像走進一個被黃金色完全包圍的夢幻世界！

1-3 這座公園可同時欣賞銀杏與紅葉，其中紅葉區就位於日本庭園內。這組照片攝於另一次造訪時，因為是平日，遊客較少，雖然天色沒有很晴朗，但正值紅葉盛開時節，仍能感受到幽靜雅致的庭園氛圍。

209

| 第三站 | **八王子甲州街道的黃金長廊**

在進入正題前，必須先介紹這條歷史悠久的甲州街道。這是一條重要的交通要道，為江戶時代連接江戶（現今的東京都）的五大要道之一，於 1772 年完工。它以東京都的日本橋為起點（途經熟悉的 JR 新宿站），一直延伸到長野縣的下諏訪宿。而八王子甲州街道的銀杏大道，則是指從西八王子市到高尾市這段 4.2 公里的道路兩旁的林蔭道。1929 年，為了紀念大正天皇陵「多摩御陵」的落成，日本政府在這段甲州街道兩側種植了近 800 棵銀杏樹。因此，每每漫步在八王子甲州街道時，我總不禁想問：「這裡是否就是日本最長的銀杏大道？」——至少我自己的體感如此。

八王子甲州街道上平均分布三條人行天橋，登上去可享受觀賞銀杏景色的「最佳角度」，是我心目中的賞銀杏勝地第一名。此圖是三橋中靠近高尾車站的東淺川町橋。

遊客可以選擇從 JR 西八王子站或 JR 高尾站出發，出站後不久就能看到銀杏大道，全程步行約需 40 多分鐘。至於從哪一端開始走？由於當初是為紀念位於高尾市的多摩御陵而種植，當地人習慣以西八王子為起點，步行約 30 分鐘可抵達多摩御陵表參道，之後可以選擇轉入參拜多摩御陵，或是再走 10 分鐘前往 JR 高尾站。不過作為外國遊客，起點的選擇其實不用太過講究，例如若當天先去附近的高尾山賞楓，從 JR 高尾站出發便會比較方便。

　　那天，我參加了一年僅舉辦兩天的八王子甲州街道銀杏祭，祭典固定在週六、日舉行，不論是本地人或外國遊客都擠滿了兩旁的人行道。我從西八王子開始走，沿途的住家和商店前都擺滿各式各樣的小攤販，相當熱鬧。抵達多摩御陵表參道的祭典主會場後，只見市集、遊行等重要活動都集中在此，人潮之多簡直像在提醒我：「別再往裡面擠了！」

　　相較於其他三個景點，這裡的銀杏樹間距較寬，加上兩旁只種植單排樹木，無法形成鋪天蓋地的黃金隧道；但正如一開始提到的「壯觀」之處，在於這條銀杏大道長達 4.2 公里，邊走、邊看，遇到特別引人注目的樹，就停下來拍照，接著繼續走，又遇到吸引人的風景，再次

多摩御陵表參道的祭典是主場地，遊人超多，許多馬路也搖身變成行人專用道，號誌燈都暫時掛上「休止」的牌子。

停下來取景⋯⋯如此這般，走到高尾站足足用了兩個小時，更讓人深刻感受到這條銀杏大道的壯闊綿長。

而且，相較在其他地方遊客多半是站在平地上觀賞銀杏，甲州街道銀杏大道的獨特之處還在於——竟然可以居高臨下，從空中欣賞銀杏景色！

登上八王子甲州街道的並木町橋上的景色。三橋中，這座橋上的景色最感動我，於是我提筆畫下它。

這條 4.2 公里的道路上有三座行人天橋，平均分布於整段長度中，第一座靠近西八王子站，第二座位於中段的並木町橋，最後是接近高尾站的東淺川町橋。站上天橋中央，便能以最佳角度，俯瞰由車道、房屋以及綿延不絕的銀杏構成的風景。而且不知為何，這三座天橋旁都有一些特別高大、燦黃的銀杏樹，讓人不只能在天橋上近距離欣賞，還能拍下「平視角度」的絕美特寫。尤其是那種與近在咫尺、填滿整個畫面的密集銀杏葉合影的絕佳構圖，真的只有在這裡才找得到。

日本第一大銀杏樹 NOTE

雖然無法找到日本最長銀杏大道的資訊，但要找出「最大級別」的銀杏樹就相當容易了。在日本，銀杏樹只要長到 30 公尺就會被列入「氣勢磅礴的巨樹級別」。其中，青森縣深浦町有一棵名為「北金澤的銀杏」的大樹（俗稱「Big Yellow」），樹高約 31 公尺（相當於 10 層樓高），樹圍約 22 公尺，是日本第一大銀杏樹。這棵銀杏樹可追溯至鐮倉時代，至今已有千年以上的樹齡，理所當然被指定為國家天然紀念物，我也將它列入未來旅遊的願望清單中。

| 第四站 | **東京大學的銀杏印記**

短期的東京輕旅行即將畫下句點，不過在去機場前，其實我還在上午排了一個備選行程。前一晚，我本來猶豫著，是否該在登機前哪裡都不去，好好享受最後的悠閒時光。然而睡前還是按捺不住，設定了早上 6 點半的鬧鐘。在一夜好眠後，我用最快的速度梳洗準備，便出發前往從未造訪過的東京大學。

以銀杏為校徽的東京大學 NOTE

被譽為日本第一學府的東京大學創立於 1877 年，曾更名為「帝國大學」、「東京帝國大學」，直到二戰後的 1947 年才恢復現用名稱，通常簡稱「東大」。紅色的赤門、安田講堂與銀杏並列為東大三大景觀，而校徽更是以銀杏葉為主要設計元素。現今的校徽是於 2004 年在舊版的基礎上修改而成，主體依然沿用先前兩片銀杏葉的圖形，最明顯的改變在於配色──一片採用銀杏黃，另一片則使用大學的代表色淡青（淡藍色）。順帶一提，日本最負盛名的幾所大學也都以植物為校徽主體，例如京都大學選用樟樹，東北大學則採用宮城縣的代表植物萩。

1-2 東大本鄉校區正門與安田講堂之間的銀杏大道，讓人有種置身於歐洲國家的錯覺。

　　東大共有三個校區，其中本鄉校區和彌生校區是觀賞銀杏的主要地點。前往東大交通便利，最普遍的方式是搭乘地鐵至東大前站或本鄉三丁目站，步行數分鐘即可抵達本鄉校區正門，且站在大門外就能一窺盛開的銀杏美景。

　　不過，由於我個人很怕搭東京地鐵，總是盡可能尋找替代方案。這次我選擇搭乘 JR 列車到上野站，穿過寧靜清幽的上野恩賜公園（平日清晨遊客稀少）抵達東大後方，那裡有一個鮮為遊客所知的入口「池之端門」，可以

名列有形文化財的安田講堂。

進入本鄉校區。途中，我意外發現東大竟然有兩條循環巴士線（因為旅遊資訊全都只提供搭地鐵的方式），其中一條往返於東大與京成上野站之間。啊，這真像收到了意外的小禮物，因為我早就計畫著之後要再訪東大呢。

如果遊客選擇從西側的東大正門進入本鄉校區，迎面會看到位於中央、被列為國家登錄有形文化財的安田講堂（正式名稱為「東京大學大講堂」）。這座建築在1960年代曾是重大學生運動「東大安田講堂事件」的舞台，此後荒廢多年，直到1994年修復重啟才重現昔日風采。而位於講堂前廣場地下的「本鄉中央食堂」，近年來意外成為一處「另類景點」——它是少數在週末和假日營業的學生餐廳，吸引不少遊客前來享用平價美食。

而東京大學最負盛名的銀杏美景，正是西側正門至安田講堂之間的銀杏大道。這條筆直大道兩旁的銀杏樹比校園其他區域更茂密，與國營昭和紀念公園齊名，以「最美黃金隧道」聞名遐邇。兩側有西式大學建築與典雅路燈，再加上隨性停放的自行車，以及標示著校園建築名稱的指示牌，共同營造出濃厚的文青氛圍。這樣的景致讓人以為置身於歐洲國家，在眾多賞銀杏勝地中，讓我留下格外獨特的印象。

每隔數年，我才有一趟珍貴的東京秋季三日之旅，每當成行，除了興奮，我總是滿懷感恩，只因我早已深深愛上這片金黃色的限定美景。雖然探索未曾造訪過的銀杏景點很新鮮，但我依然很確信，自己會再次造訪這四處銀杏勝地，因為那些「無可取代」的第一次金黃色回憶，全都發生在這些地方呢。

information

國營昭和紀念公園 | showakinen-koen.jp
八王子甲州街銀杏祭典 | ichou-festa.org
東京大學 | u-tokyo.ac.jp

適於半日遊・1日遊

3 紅葉與富士一次滿足
高尾山上的東京楓景詩

■東京近郊高尾山■

火紅的楓葉迎接秋天的到來。我第一次到日本賞楓，正是到靠近東京都心的高尾山。即使經過多年，那片從山腳一路蔓延至山頂、遍布楓葉的景色，至今我仍歷歷在目。

對我而言，這座被譽為「日本人最愛登的山」的高尾山，絕對稱得上是「興致一來就能輕鬆前往」的都市近郊景點。

從高尾山口站步行至登山口的纜車站,只需數分鐘,接著就會驚見更豐盛的楓葉景致。

從機場到高尾山的最快途徑

　　就像香港的太平山、台北的四獸山一樣,都是集結了登山、健行等活動,且交通便利的絕佳去處。在往後的日本旅行中,我曾多次興之所至地造訪高尾山。無論是原本安排在市區的行程,還是沒有特定計畫的日子,只要一早起床看到天氣晴朗,就會不自覺想去爬爬高尾山。

　　高尾山的楓紅期是在 11 月上旬至 11 月底。由於工作的關係,我的日本旅行大多集中在春節、暑假或聖誕節期間,要在紅葉季節的 11 月前往實在不容易。不過等待多年,終於讓我等到這難得的機會,即使旅程只有短

短三天，我依然滿懷期待，且更幸運的是，當天遇上晴朗的天氣，終於一償宿願，親眼欣賞到豔紅的楓葉美景。

在秋天的清晨，我一下飛機，就立即搭乘最快的交通工具「N'EX 成田特快」直達新宿。在車站內寄放行李後，隨即轉乘京王高尾線的特急電車，約 50 分鐘便抵達高尾山口站。相較於其他東京郊區，前往高尾山的交通確實相當便利（一定要再三強調），這也成為高尾山的魅力之一；重點是要先抵達新宿，若住宿地點在新宿的旅客，就更方便了。加上不需轉車，且在終點站下車，早出發的旅客也能善用這段車程補眠。另一個便利之處，是從高尾山口站前往登山起點時，不需要轉乘巴士，只要跟著人潮沿著商店街步行數分鐘即可抵達。商店街兩側林立著許多蕎麥麵專賣店，其中山藥蕎麥麵是高尾山必嘗的名產。每回下山，我都要吃上一碗才肯離去。

不費力也能登高尾山的友善路線

到高尾山賞楓，遊客只要抵達登山起點，就能開始欣賞茂盛的楓葉美景，而山上的藥王院一帶更是觀賞紅葉的熱門景點。建議初次造訪的遊客，可以選擇「1 號登山路線」，這是最適合觀光、也最容易行走的大眾化路線：

我是這樣登山健行的……

山腳起點 → 纜車／吊椅／步行（三選一） → 半山腰的纜車站 → 展望台及小店 → 高尾山猴園・野草園 → 高尾山藥王院 → 山頂展望台

所謂的登山起點，就是 1 號登山路線的入口，這裡也有登山纜車站和登山吊椅站，選擇後兩者的遊客最多。

先說說高尾登山電鐵經營的登山纜車。這種以一條鋼纜連接兩台纜車，一上一下交錯運行的系統，在日本和世界各地都很常見。不過這裡的纜車特別之處在於坡度變化：山腳車站起初只有 6 度的平緩坡度，但接近半山腰車站時，角度會大幅增加到 31.18 度。這輛被譽為日本最陡峭的山坡纜車設施，吸引了許多遊客特地來體驗。

說來慚愧，雖然我來過高尾山好幾次，卻從未搭乘過這輛知名的登山纜車。這裡即使不是櫻花或紅葉季節，每逢假日也都十分擁擠，無論纜車或吊椅都大排長龍。仔細觀察可以發現，纜車的隊伍總是較長，可能是因為行動不便的長者或幼童較少選擇吊椅的緣故。由於纜車過於擁擠，所以我每次都選擇搭乘吊椅。

隨著吊椅慢慢爬升，我將兩腳垂在半空中，悠閒自在地欣賞沿途風光。我喜歡上山時坐吊椅，下山則步行。

登山吊椅是沒有安全帶或護欄的開放式雙人座椅（如果你是一個人，就可獨享整個座椅）。12分鐘的吊椅之旅讓我充分感受到山間微風的輕拂，緩緩爬升時整個人穿越於橙紅相間的茂密楓葉間，那種如詩如畫般的夢幻體驗，我想比搭乘纜車更令人愉悅滿足。

有些遊客喜歡體驗這兩種登山交通工具，選擇上山搭纜車、下山坐吊椅，或反過來安排。我第一次造訪高尾山時，上、下山都選擇坐吊椅，一開始就在山腳購買來回票。不料下山時又遇上大排長龍，足足等候了大半個小時才搭上吊椅。從那次經驗之後，我改變策略：選擇搭吊椅上山，下山則徒步走1號路線回到山腳。每當看見漫長的排隊人潮，自己卻能不受限制地悠閒漫步，內心總是感到快意。沿途走在樹蔭下，迎著陣陣微風，欣賞著與半山腰截然不同的開闊風景，約40分鐘就能輕鬆走完全程。

天狗守護的高尾山絕景

無論選擇哪一種登山方式，只要抵達半山腰，很快就能走到纜車站附近的幾家小店。這裡最受歡迎的高尾山必吃美食，就是炭火現烤的芝麻糰子和三福糰子。小店對面的展望台是山上的第一個亮點，從這裡可以眺望遼闊的關東平原；根據指示牌標示，晴朗時還能看到晴空塔與東京鐵塔等地標。雖然我至今還未能一睹這些景色，但總覺得下次造訪時一定能如願以償。

從這裡到藥王院的路段，大多是經過鋪設的平緩道路，沿路漫步約20到30分鐘，就能抵達藥王院。沿途有幾處著名景點，其中包括高尾山猴園・野草園，此處需付費入場，園內飼養著70多隻日本獼猴。遊客可以聆聽飼育員的解說，了解獼猴們的生活習性，還能買飼料親自餵食牠們。園內還有一棵形似章魚觸腳的「章魚杉」，這棵450多年樹齡、高達37公尺的古樹，格外引人注目。

219

登上山在第一展望台便可眺望到遼闊的關東平原景色，令人心情舒坦。

　　來到擁有 1,200 多年歷史的高尾山藥王院，從四天王門進入後，映入眼簾的是整段路線中最壯麗的楓葉美景。我有幸在光線最佳的時刻抵達，眼前的景致之美令人驚嘆，遠勝過沿途所見的一切。

　　院內隨處可見大小不一的天狗雕像，原來高尾山自古以來就被視為天狗的棲息地。在日本傳說中，天狗被視為天神，其特徵是面部赤紅、鼻子細長，手持羽扇，背生雙翅，能翱翔天際。

1 ｜ 登上高尾山山頂的最後一段路，我私心期待可以看到富士山。

2-3 ｜ 高尾山藥王院周邊的豔美楓紅精華組圖，這裡是整段路線中最美的楓葉拍攝地點。

220

我從藥王院步行十多分鐘登上山頂，迫不及待來到觀景台——只見富士山已經開始積雪，在萬里無雲的蔚藍天空下，真是一幅完美絕倫的畫面。

　　在眾多天狗雕像中，有一尊特別威武神氣，那是修行有成的大天狗，更被列入日本三大妖怪之一（日本三大妖怪有多個版本，較通行的說法是九尾狐「玉藻前」、百鬼之王「酒吞童子」和「大天狗」）。

　　除了天狗雕像，這裡還有一座極具人氣的「願叶輪潛」巨大方形石像，中央開有一個供人通過的圓洞。這座象徵「佛祖智慧之輪」的石像，相傳能將人們的願望傳達給佛祖。我在一旁觀察祈福的步驟：信眾們虔誠排隊，依次穿過這個象徵除厄開運的圓洞，同時誦念自己的姓名和願望，出來後拿起木棒敲響大錫杖，左右各一下，重複三次，如此便能讓佛祖聽見心願。

1 | 藥王院正殿前的大天狗。
2 | 代表佛祖智慧的願叶輪潛。
3 | 人們在藥王院祈福的景況。

追逐秋冬限定的「鑽石富士」

　　離開藥王院後，沿著1號路線前行約十多分鐘，就能登上山頂。那座寫著海拔599公尺的標示牌，彷彿在歡迎每位到訪的旅人。不遠處就是著名的「十三州大見晴台」觀景台，總是聚集著興致高昂拍照的遊客。高尾山山頂是觀賞富士山的絕佳地點，更被評選為「關東富士見百景」之一。其中最令人嚮往的，莫過於秋冬限定的「鑽石富士」美景，這稀有的自然奇觀每年只有幾天能一睹風采。（除了「鑽石富士」，富士山還有「赤富士」、「珍珠富士」、「逆富士」等罕見景觀，有興趣的讀者不妨上網查詢。）

　　所謂「鑽石富士」，是指日落時分，太陽恰好落在富士山山頂的短暫時刻。此時，太陽宛如一顆巨大的鑽石，在富士山山頂綻放耀眼光芒。當那異常璀璨的陽光穿透富士山之際，正是「鑽石富士」最為壯觀的瞬間。

　　觀賞鑽石富士的最佳地點包括東京晴空塔、東京高尾山、千葉市茜濱綠道與山梨縣山中湖，每處觀賞時期都各有不同。

希望將來有機會在12月中旬左右來看罕見的「高尾山鑽石富士」，再見高尾山、再見富士山！

　　以高尾山為例，最佳的觀賞期是在每年12月17日至25日（冬至前後），時間約在下午4點至4點15分左右。這幾天的人潮甚至超越紅葉季節，大見晴台也總是擠滿期待這難得美景的遊客。雖然我與鑽石富士始終無緣，但每次造訪大見晴台時都幸運地遇上陽光明媚的好天氣，得以欣賞富士山最動人的風采，每次都讓我感動不已。

　　回到山腳後，與高尾山口站相連的「京王高尾山溫泉　極樂湯」，是我每趟高尾山之旅的最後一站。雖然山上漫步不至於讓人筋疲力盡或汗流浹背，但能在如此便利的地方享受溫泉，實在不容錯過。泡在舒適的溫泉中，回味著今日所見的楓葉美景與富士山風光，待身心充分放鬆後，再配合回程列車時間離開。我深深覺得，這樣的高尾山之旅，真是再完美不過了！

東京都前往高尾山的交通實在很便利,曾經有多次只要一起床
看到天氣晴朗,就決定去爬爬高尾山。

information

高尾山登山電鐵 | takaotozan.co.jp
京王高尾山溫泉 / 極樂湯 | takaosan-onsen.jp

適於半日遊・1日遊

4 東京人的山林休日
御岳山的幽靜日常

■ 青梅市御岳山　■ 武藏御嶽神社

位於秩父多摩甲斐國立公園的御岳山，與靠近八王子的高尾山一樣，都是東京近郊的遠足勝地，也是秋季賞楓的熱門景點。不過在名氣和遊客數量上，兩者有些差距，因此造訪御岳山的遊客不會出現人擠人的情況，旅人反而能夠悠閒地漫步在寧靜的山林間，盡情享受自然美景。

和高尾山一樣，我第一次造訪御岳山也是為了賞楓。在第二次的高尾山之旅時，我想既然難得在 11 月來日本旅遊，應該多探索一些賞楓的山區，特別是交通時間在一到兩小時內可以抵達的地方最理想。因此，我選擇了這趟御岳山賞楓之旅。這裡的楓紅期約在每年 10 月底到 11 月中旬，常是東京地區最早能欣賞到楓紅的地方之一。

「御嶽」還是「御岳」？ NOTE

這裡出現的「御岳山」與「御嶽站」需要特別說明。「嶽」是「岳」的古字，由於歷史沿革和使用習慣，此區會出現這兩個字混用的特殊情況。使用「岳」的名稱包括：我們要登上的「御岳山」、火車站前的「御岳溪谷」和西東京巴士的「御岳站」；使用「嶽」的則有：JR 的「御嶽站」和山上的「武藏御嶽神社」。那麼是否有「御嶽山」呢？確實有，而且比御岳山更有名——御嶽山位於長野縣，是座海拔 3,067 公尺的活火山，名列日本第 14 高峰，同時也是僅次於富士山（海拔 3,776 公尺）的日本第二高火山。

1-2　我來到 JR 御嶽站，開心看到周邊的紅葉跟我招呼。
3　轉搭巴士後，再坐纜車上山。

JR 直達的山中古樸小車站

前往海拔 929 公尺的御岳山交通相當方便，旅客可從東京出發，搭乘 JR 青梅線到御嶽站，車程約為 1.5 小時。御嶽站是一座懷舊古樸的小站，我一走出車站，在陽光下就聞到濃郁的深秋氣息，同時看見前方御岳溪谷的楓紅盛況，更加期待登上山頂欣賞壯觀的紅葉美景。旅客過馬路到對街轉搭西東京巴士，約 10 分鐘車程後，即抵達御岳登山纜車「瀧本站」。搭乘纜車到「御岳山站」後，就能開始御岳山健行。

說到御岳山的健行路線，從山上的御岳山站開始，大多數的健行旅客都會把「武藏御嶽神社」設為終點，這是最普及的路線規劃，所需時間不會太長。如果你想充分享受登山，而且對自己的體力有信心，且時間相當充裕的話，也可以選擇從山腳的纜車瀧本站開始徒步而上，大約花兩個多小時就能到達御岳山站；或是從武藏御嶽神社延伸健行其他路線，這部分會在後面分享。

1 ｜ 搭乘纜車抵達山上的御岳山站後，可以從這裡開始健行，也可以選擇轉搭吊椅，從御岳平站前往大展望台站。
2 ｜ 我坐上吊椅，前往更高的地方。
3 ｜ 下了吊椅後，即可欣賞到更遼闊的平原景色，並前往神木區。

御岳山上的安產御守

　　從纜車御岳山站出來，有一處名為「御岳平」的展望平台，遊客可以從這裡開始往武藏御嶽神社前進。另外也可以選擇付費搭乘單人吊椅，往上到達大展望台站和產安社神社（徒步約 10 分鐘）。登上大展望台不僅能欣賞更遼闊的景色，還能順道參拜產安社神社。產安社是一座小巧的木造神社，周圍有幾棵與它關係密切的御神木，包括「夫婦杉」、「安產杉」和「子授檜」。當地人相信這些神木不只能帶來好運與長壽，更能保佑安產安胎。而產安社的「產安」二字，正是代表保佑安產安胎的意思，因此吸引許多人前來朝聖祈福。

　　在三棵神木中，夫婦杉其實是一對神木，右邊稱為「女杉」，左邊則是「男杉」，祈福者需要穿過女杉與男杉之間的小木道走到後方。此外，這裡還有一棵更為高大的神木，名為「二本檜」，樹齡超過 350 年，高達 28 公尺；每當我仰望它時，總深深地為其宏偉姿態著迷。

1-2 ｜ 夫婦杉的特寫。
3-4 ｜ 這一帶有多棵神木，除了夫婦杉，還有二本檜與安產杉，前者的樹齡達到 350 年，後者是保佑安產安胎。
5 ｜ 離開神木區，隨著指示牌前往武藏御嶽神社。

這對神木稱為「夫婦杉」，右為「女杉」，左為「男杉」，
祈福的人們需要穿過女杉與男杉之間的小木道走到後方。

離開產安社神社後,不必搭乘吊椅下山,可以直接從神木區步行前往武藏御嶽神社。沿途路徑平緩好走,處處可見楓葉,邊走邊拍照,約 20 多分鐘就能抵達武藏御嶽神社前的表參道。這條商店街上林立著各式各樣的店鋪,販售豐富多樣的伴手禮。走完商店街後,再攀登 330 階石階,就能到達武藏御嶽神社。現今的神社建築群保持著傳統格局,以本殿、拜殿、幣殿為核心。

御岳山自古以來就是山岳信仰者的修行聖地。位於山頂的武藏御嶽神社,始建於崇神天皇 7 年(西元前 91 年),歷史悠久深遠,長期以來都是武士們重要的信仰中心和修練場所。到了江戶時代,越來越多庶民開始前來「御嶽詣」(上山參拜)。而日本人有在新年初一登山參拜兼賞日出的習慣,武藏御嶽神社也因此成為東京近郊的熱門朝聖地點。

有御神犬守護的寵物友善神社

是狗嗎?是狼嗎?還是獅子呢?在武藏御嶽神社內繞了一圈,只見許多看似混合這幾種動物特徵的石像。原來此處主要祭祀「大口真神」(日本狼神格化的稱呼,又稱「御神犬」)。這些神獸石像是以「狛犬」為原型,

1 ｜ 武藏御嶽神社本殿。
2 ｜ 神社內的一對相望中的神獸雕像。

狛犬是一種虛構的動物,在日本傳統中被視為守護神明的「差使」,外觀看起來像獅子或是狗。一般在神社的入口或本殿前,會左右各放置一尊狛犬像,通常是面對面擺放。有趣的是,由於帶著愛犬來參拜的本地人越來越多(大型犬可以一同搭乘纜車),神社也開始提供愛犬祈願的服務,甚至在神社前的手水舍特別設置了狗狗專用的洗手區域。

御岳山的大眾化路線以武藏御嶽神社為終點,遊客可在此折返纜車站下山。不過從神社旁邊還可以繼續深入,那是一條以觀賞奇岩與瀑布為主的路線,知名景點包括「綾廣之瀧」、「七代之瀧」,以及「天狗岩」。

走完商店街，爬上眼前的 330 階階梯，可登上行程最後一站：武藏御嶽神社。

繼續前往奧多摩的加碼山旅

前面提到,從東京或新宿搭JR電車在御嶽站下車是為了登上御岳山,其實不下車繼續前進的話,許多旅人會選擇在終點站奧多摩站下車。這個海拔343公尺的JR奧多摩站是東京都最西邊的車站,並在1997年入選為關東百選車站之一。從這裡出發的熱門行程就是搭乘巴士,逐一探訪奧多摩湖、麥山浮橋、日原鐘乳洞等奧多摩經典美景。其中奧多摩湖是東京都重要的供水及發電水庫,1957年竣工時,曾是世界最大的供水專用儲水池,至今仍是日本最大的人造湖。

不過,御岳山與奧多摩地區占地廣闊且風景優美,若安排在一天內遊覽會顯得太過匆促,建議可以各自搭配周邊的其他景點規劃全日遊路線,甚至安排兩天一夜的旅程。有充裕的時間,就能好好欣賞東京近郊的紅葉美景。

最後要特別提醒,海拔900公尺的武藏御嶽神社比平地溫度低約5度,因此御岳山常常成為東京最早能欣賞到紅葉的地方,紅葉會從山頂開始轉色,然後逐漸向山下蔓延。為了追逐紅葉,上山前,一定要做好保暖工作喔。

information
御岳登山鐵道 | mitaketozan.co.jp

每年元旦,武藏御嶽神社都會吸引許多人前來參拜和迎接日出,對於想要同時體驗「日本神社新年參拜、觀賞日出和輕級登山健行」的人來說,御岳山是一個超值的選擇。

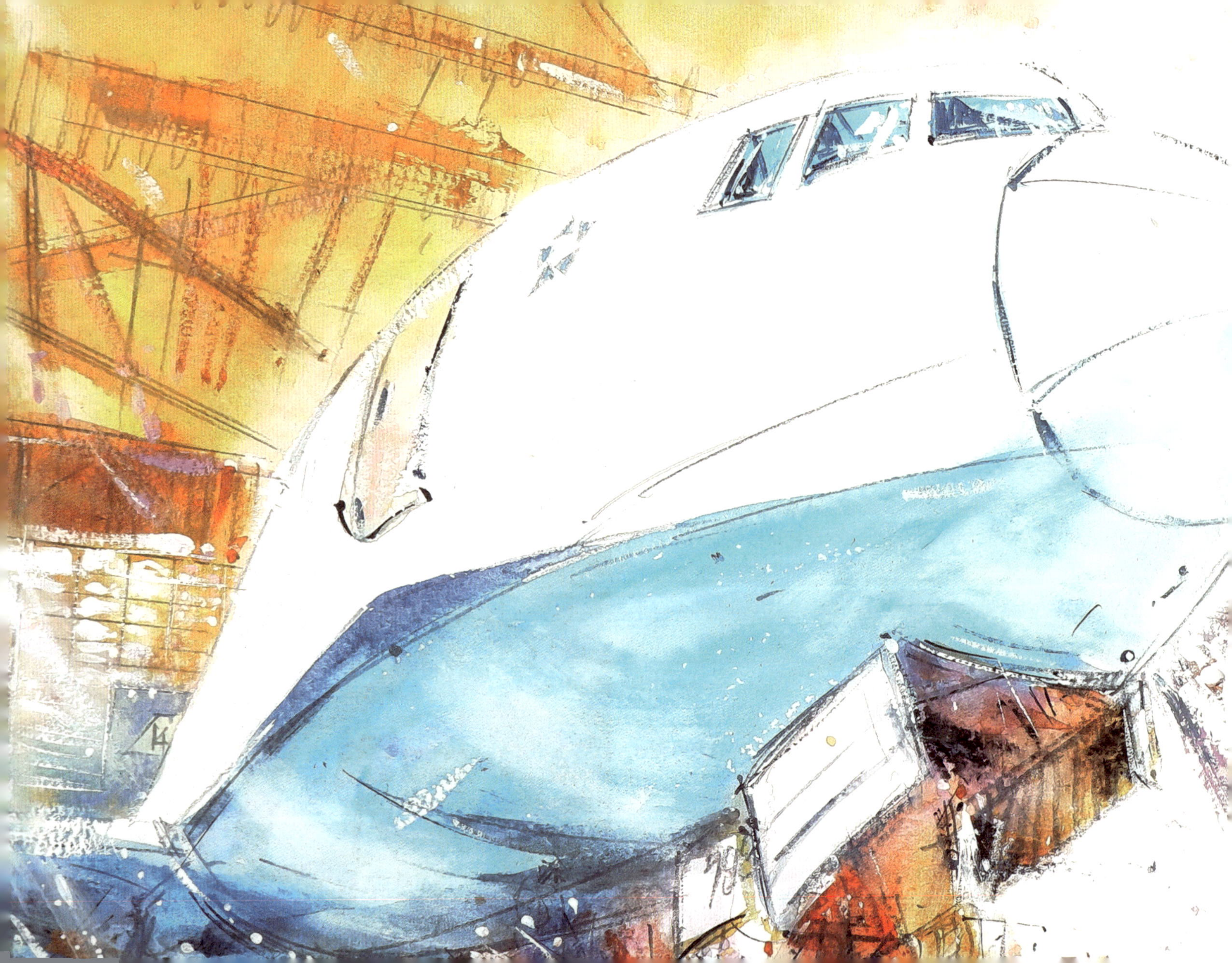

5 東京限定見學

1 在災害中立足的見學
從防災地下神殿見證強韌的日本

■ 首都圈外圍排水道 ■

日文中的「見學」（けんがく），指的是透過實地參觀來獲得相關知識。眾所周知，日本全國各地都有許多不同主題的見學體驗，無論是主題內容、表達方式、傳達的知識理念，還是體驗形式，都令人嘆為觀止。我早年曾出版一本以見學為主題的《日本見學深度慢遊》（現已絕版），書中記載了稻庭烏龍麵、食物模型、工廠夜景、明太子等見學體驗。見學也成為我旅行時的固定規劃項目，每次造訪新的地方，我都會優先搜尋當地有哪些值得參加的特色見學活動。

若以地域來區分，本篇要介紹的幾個見學體驗都只能在東京首都圈找到，可說是「東京限定見學」。其中兩個，更是特別罕見且獨特的體驗，用「絕對震撼」、「畢生難忘」來形容一點也不誇張！

而第一個堪稱「絕對震撼」的，就是「防災地下神殿」——光是這六個字組成的名號，就已經讓我躍躍欲試了。當我看到媒體經常報導，那座宛如古希臘神殿般的地底巨大空間——「調壓水槽」的照片時，不禁懊惱自己怎麼現在才發現這個地方。

一般參觀到深度探索的見學體驗

在沒有蓄水的日子裡，首都圈外圍排水道提供見學體驗，每天五場見學，在一個月前會開放線上預約。「地下神殿行程」是最基本且場次最多的見學體驗，也是人氣之選，其中最受矚目的調壓水槽是參觀重點，所需時間約 55 分鐘，是最短的行程，報名費僅需 1,000 日圓。通常一天有四場（上午 10 點、11 點，下午 1 點、2 點），每場提供 50 個名額。

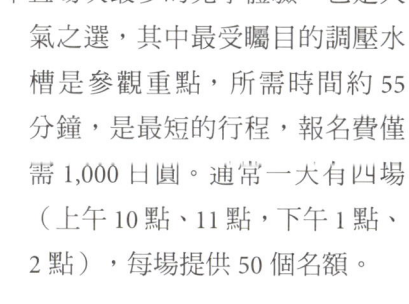

「防災地下神殿」見學——光是這六個字，就已經充滿吸引力！

深藏地表下的防災地下神殿 NOTE

首都圈外圍排水道（日文稱「首都圏外郭放水路」）建造於埼玉縣春日部市的 16 號國道地底下，是一座深達 50 公尺、號稱是全球最大的地下排洪系統。這項工程於 1993 年開工，歷經 13 年，在 2006 年完工。它的功能是將埼玉縣倉松川、大落古利根川等中小型河川的洪水（這些河川過去曾多次引發洪災），引導至地下這條全長 6.3 公里的水道，最後排入千葉縣的江戶川。而所謂的「防災地下神殿」，指的就是這個排水系統中使用的巨大地下調壓水槽——其空間長 177 公尺、寬 78 公尺、高 18 公尺。近年來，由於許多廣告和特攝片在此取景（真的非常適合），讓地下神殿聲名大噪，也成為一個別具特色的熱門觀光景點。

1-2 地底探險展覽館。

到了下午 3 點，則會有另一場深度見學，包括立坑、泵站及葉輪三種體驗，輪流提供，例如我參訪當天就是提供立坑體驗。這些深度體驗時間約兩小時，名額只有 20 個，費用在 2,500 到 4,000 日圓之間。

難得有機會參觀如此特殊的地方，我把握機會報名了地下神殿行程（下午 2 點）和立坑深度行程（下午 3 點），費用為 1,000 日圓＋3,000 日圓。這樣的安排可以節省時間，一次完成兩趟見學，所以我當天大約下午 1 點半抵達，直到將近天黑的傍晚 5 點才離開，度過了充實的見學時光。

地下神殿四種見學體驗 INFO

- 參訪者年齡限制：小學生以下不得參加，國中生及以下可參加，但需有大人陪同。其他規定請詳閱官網。

地下神殿行程（一天四場）
這是最基本的經典路線，主要參觀地下神殿「調壓水槽」，行程包含設施概要介紹及自由參觀時段。

❀ 容納人數：50 人｜行程時間：約 55 分鐘｜
　費用：1,000 日圓

- 以下為深度見學，每天下午 3 點一場，輪流提供。

立坑體驗行程
此行程先安排參觀地下神殿，接著參訪者需穿戴安全帶與頭盔等裝備，走入工作人員通道，並沿著豎井內部階梯下降，親身體驗 70 公尺深度的震撼。

❀ 容納人數：20 人｜行程時間：約 110 分鐘｜
　費用：3,000 日圓

泵站體驗行程
參訪者可參觀調壓水槽和泵站內部，了解泵站的功能與作用。行程特別安排近距離觀察特殊燃氣渦輪機的機械部分，以及令人震撼的渦輪機本體和減速機。

❀ 容納人數：20 人｜行程時間：約 100 分鐘｜
　費用：2,500 日圓

葉輪探索行程
由於需要涉水約 50 公分深，參訪者須穿著防水褲、防水靴及頭盔等裝備，深入參觀調壓水槽最底部的巨大葉輪，親身體驗水流運作的過程。

❀ 容納人數：20 人｜行程時間：約 110 分鐘｜
　費用：4,000 日圓

至於另外兩個我沒有參加的深度體驗，光看簡介就覺得葉輪探索行程很有趣——可以深入調壓水槽中最內部的巨大葉輪（又稱「羽根車」），親身體驗水流的過程。這是費用最高的行程（4,000日圓），參訪者也需要穿上防水褲、靴子及頭盔等裝備。

1-2　大草坪下面就是地下神殿。入口彷彿祕密基地一般。

地下調壓水槽的空間十分巨大，置身其中的人非常渺小。

目的地位於《蠟筆小新》的故鄉春日部，前往地底探險展覽館（俗稱「龍Q館」）雖不算困難，但不太方便。我是從東京站搭JR電車到大宮站，再轉乘東武野田線到南櫻井站，之後可以選擇步行半小時或搭巴士。由於巴士班次不多（巴士班次並非配合見學時間安排），加上展覽館位於偏僻地區，我決定搭計程車，並預約司機回程接送（需另付預約費500日圓），單程車費1,400日圓。後來，我離開時天色已暗，真慶幸有先見之明，讓我不用摸黑走田間小路回火車站。實際上，展覽館方面也建議，要搭計程車離開的旅客須提早預約，否則可能約不到車。

　　另外要特別注意的是，見學採用日語導覽（工作人員偶爾會用簡單的英語說明），因此海外旅客在閱讀注意事項時，會發現其中要求「為了確保安全，團體內需有能夠理解日語說明的人員陪同」。根據一些早期的體驗分享，工作人員會確認參訪者的日文能力，不符合要求可能無法參加。不過最新的規定是，如果只想拍照，或自行使用翻譯APP輔助，也可以參加。另外，還提供英文版及中文版的說明手冊，內容相當詳盡。

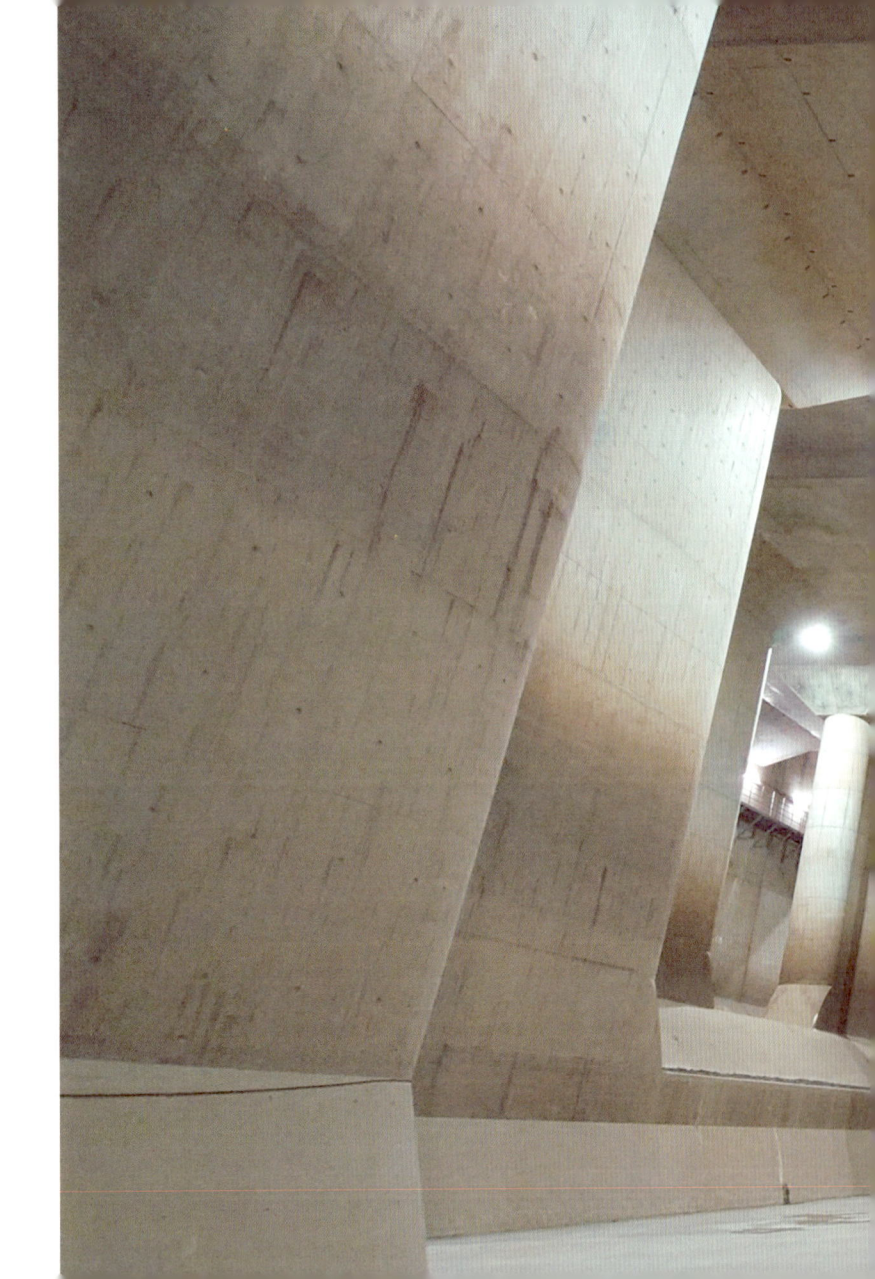

這些擎天大柱，讓這座地下調壓水槽有如神殿般宏偉。

彷彿有巨人徘徊的巨大神殿

　　參加「地下神殿行程」的旅客先在展館一樓集合，聆聽 10 分鐘的講解後，隨即出發。工作人員帶領大家走到離建築物約 200 公尺處，途經一大片草坪，下方就是調壓水槽。入口宛如電影場景中的祕密基地，走過一段長長的階梯後，可以明顯感受到溫度驟降，接著明亮的燈光打開了昏暗的視野——我終於置身在猶如古希臘神殿般的巨大地下調壓水槽！

　　很難想像這裡是日本的首都圈。地底的神祕空間聳立著巨大柱子，靜謐到帶點詭譎的氣氛，彷彿下一秒就會在某個角落出現尋找地底寶藏的探險英雄。工作人員站在立柱前方，進行 15 分鐘的講解，主要說明調壓水槽的結構和水勢控制方式。她提到這裡一年平均會進行約八次的排水作業，並指出立柱上的兩個水位標示線，上方是「定常運轉水位」，下方則是「泵浦停止水位」。

　　至於運作機制，分為三個重點：一，當水位累積高於「泵浦停止水位」時，排水泵浦就會開始運作，將水排入江戶川。二，如果水位超過「定常運轉水位」，就會關閉各河川的流入設施。三，當水位逐漸下降到「泵浦停止水位」以下時，泵浦就會停止運作，殘餘的水會慢慢回流至各河川。

地底的神祕空間靜謐到帶點詭譎的氣氛，讓我的想像力與畫筆騁馳其間。

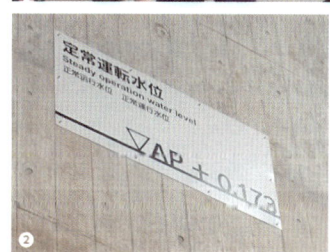

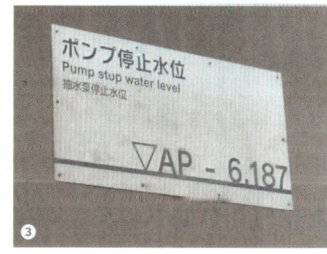

1-4 導覽員正在解說立柱的兩個水位線，上方為「定常運轉水位」，下方為「泵浦停止水位」。

最後，導覽員便讓大家在安全範圍（三排立柱之間）內自由欣賞和拍照。

可容納整座自由女神像的第一立坑

接下來，我返回展覽館參加立坑體驗行程。這次，遊客需先上二樓接受 20 分鐘的進階課程，內容包括水利工程運作原理，之後才前往地下神殿（與上一個體驗完全相同）。值得一提的是，三個深度見學體驗中，只有立坑體驗行程會安排參觀地下神殿，因此可以考慮不參加「地下神殿行程」（不過個人認為，即使重複參觀也很值得）。至於泵站及葉輪兩項見學行程，都不會安排參觀地下神殿。

重頭戲來了！我們從地下神殿回到地面，進入另一個入口。當穿上安全帶和頭盔等裝備時，我更萬分期待

1-2	隨後，我參加了立坑體驗行程，首先是 20 分鐘的進階內容講解，主要介紹水利工程的運作原理。
3	展館內設有中央操作室，室內空無一人，這是因為目前沒有水災，所以無人值班。遊客可在此拍照留念。
4-5	立坑體驗行程的第二部分是深入第一立坑，事前需要穿上安全裝備。

接下來的行程。其實，剛才在地下神殿時，已經可以瞥見立坑，而這次則是真正進入立坑「內部」一探全貌。我們近距離參觀的是與調壓水槽相連的「第一立坑」，河水會先流經第一立坑，再流入調壓水槽。第一立坑是

五座立坑中最大的一座，內徑 31.6 公尺、深達 71 公尺，足以容納一架太空梭或一座自由女神像。

立坑體驗分為兩個部分：首先是兩人一組，輪流沿著豎井的階梯下行，從更近的距離和更好的角度觀看豎井下方，充分感受 70 公尺深度帶來的震撼。其次是登上立坑頂端的鐵製環道繞行一圈，360 度飽覽立坑的壯觀氣勢，行走時，身上的安全帶會與立坑牆壁的安全設備緊密扣合，不用擔心。我認為立坑的壯觀與震撼程度，與調壓水槽不相上下，都是必看景點，因此很慶幸有機會參加到這趟進階行程。

1-2　立坑體驗行程的第一個高潮：旅客沿階梯深入第一立坑，不僅能以更近的距離觀察立坑底部，還能從不同角度欣賞地下神殿。

3-4　第一立坑的底部，水流先從第二立坑和水管匯集到此處，待水量累積到一定程度後，便會流入地下神殿，最終排入江戶川。

從第一立坑內觀看的地下神殿。

　　日本長期飽受地震、海嘯、火山爆發、颱風、洪水等多種天災威脅，除了見識到這些防災工程的宏偉，我也看到日本人民展現出驚人的韌性。他們總能憑藉強大的團結力量，在災後重新站起，並從中吸取教訓，避免相同悲劇重演，或在災害再次發生時能快速有效應對，無疑是個防災意識極高的國家。

information

防災地下神殿｜gaikaku.jp
東京臨海廣域防災公園｜tokyorinkai-koen.jp

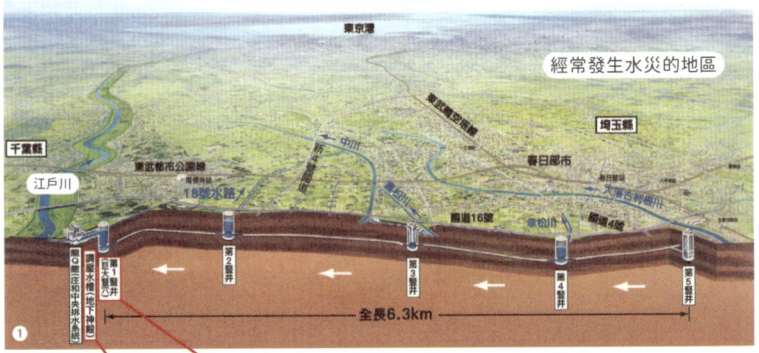

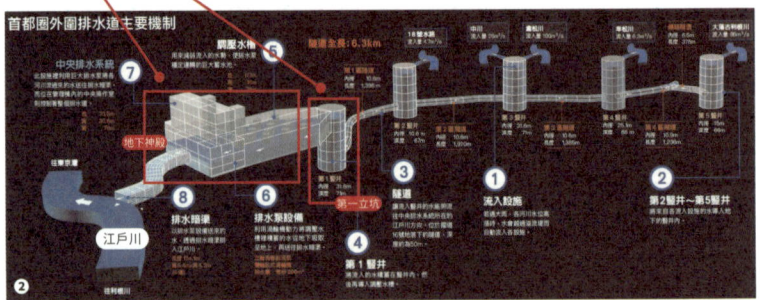

1-2 ｜ 首都圈外圍排水道系統的整體運作圖示。（翻攝自現場展示資料）

3-5 ｜立坑體驗行程的第二個高潮：旅客在立坑頂端的鐵製環道上繞行一圈，能夠360度飽覽立坑的壯觀氣勢。

2　ANA 與 JAL 名額大作戰
難得又震撼的飛機近距見學

■ 全日空機體工廠　■ 日本航空空中博物館

單憑「航空」這兩個字，就足以說明這是一個難得一見的熱門參訪主題。航空參訪不僅能近距離觀看飛機，就連正在維修中的引擎都可以近距離欣賞，只差不能摸而已。再加上參訪地點的交通便利，還有免費參加等優勢，使得日本航空界兩大巨頭：全日空（ANA）和日本航空（JAL）的「飛機維修棚廠參訪行程」，一直都是一票難求的秒殺活動，讓許多報不到名的旅客總是哀嚎連連。

更多精彩照片，歡迎上網瀏覽

ANA 機庫內照片需向官方申請審核，經授權後，可在社交平台分享，但不授權出版之用。JAL 所有照片則已獲官方授權，可作出版之用。

本文要分享的是，我在參訪一開放報名就額滿的情況下，是如何鍥而不捨地突破難關，最終能在同一天內接連參訪到 ANA 和 JAL 的幸運經驗。

不放棄的 ANA、JAL 見學雙重奏

這兩家航空公司的參訪地點都位於羽田機場旁，從東京都心圈的任何地方前往都相當方便，若是搭飛機抵達羽田機場更是便利。兩家航空公司本著社會貢獻的精神，提供免費參訪活動，且不限制國籍，因此成為人氣爆棚的觀光活動。參訪的基本架構包含講座、展館參觀，以及被譽為重頭戲的飛機庫參訪。整個過程都有日文和英文解說，即使擔心語言不通，光是能近距離接觸飛機帶來的震撼與興奮，就已經超越一切障礙。

兩家航空公司的報名機制相同，都是在預定參訪日期的前一個月的同日日本時間 9 點 30 分開放報名。以我的情況為例，由於我計畫在 12 月 21 日參訪（這是我唯一可行的日期），因此在 11 月 21 日的香港時間 8 點 30 分就開始準備報名。根據網路上的經驗分享，幾乎沒有人能在第一時間成功報名。我在當天 8 點 15 分就坐在電腦前準備就緒，果不其然，一到 8 點 30 分刷新報名網頁

ANA 與 JAL 參訪活動
INFO

ANA 目前於每週二至週六提供五場免費參訪活動，每場 75 分鐘（15 分鐘講座＋60 分鐘飛機庫參訪），前後可在展覽館區域自由參觀各 30 分鐘。

	1	2	3	4	5
開始	9:30	10:45	13:00	14:15	15:30
結束	10:45	12:00	14:15	15:30	16:45

JAL 目前除週三、週五外，每天提供三場 110 分鐘免費參訪活動（60 分鐘自由參觀博物館＋50 分鐘飛機庫參訪）。

	1	2	3
開始時間	9:30	10:45	14:45
結束時間	11:20	12:35	16:35

● 上述參訪活動次數可能會根據實際情況而有所不同。另因安全顧慮，兩家公司皆設有參訪者年齡限制：小學生以下不得參加，小學生可參加，但需有大人陪同。

此外，JAL 除了上述的免費參訪（工場見學コース），每月也不定期安排多場不同類型的付費參訪活動，如我參加的 STEAM 課程（JAL STEAM SCHOOL），還有救生衣體驗（ライフベスト着用体験コース）、機上餐飲體驗（機内食体験・FUJI 号プレミアムコース和食／洋食）等有趣企劃。

● 本處已更新至 2025 年 5 月為止的網站資訊，與本文於 2024 年參訪的時段不同。欲報名者，請以官方網站資訊為準。

1-2 | 能夠在一天內走進日本航空界兩大巨頭——ANA 與 JAL 的飛機維修棚廠，感覺實在太夢幻了。

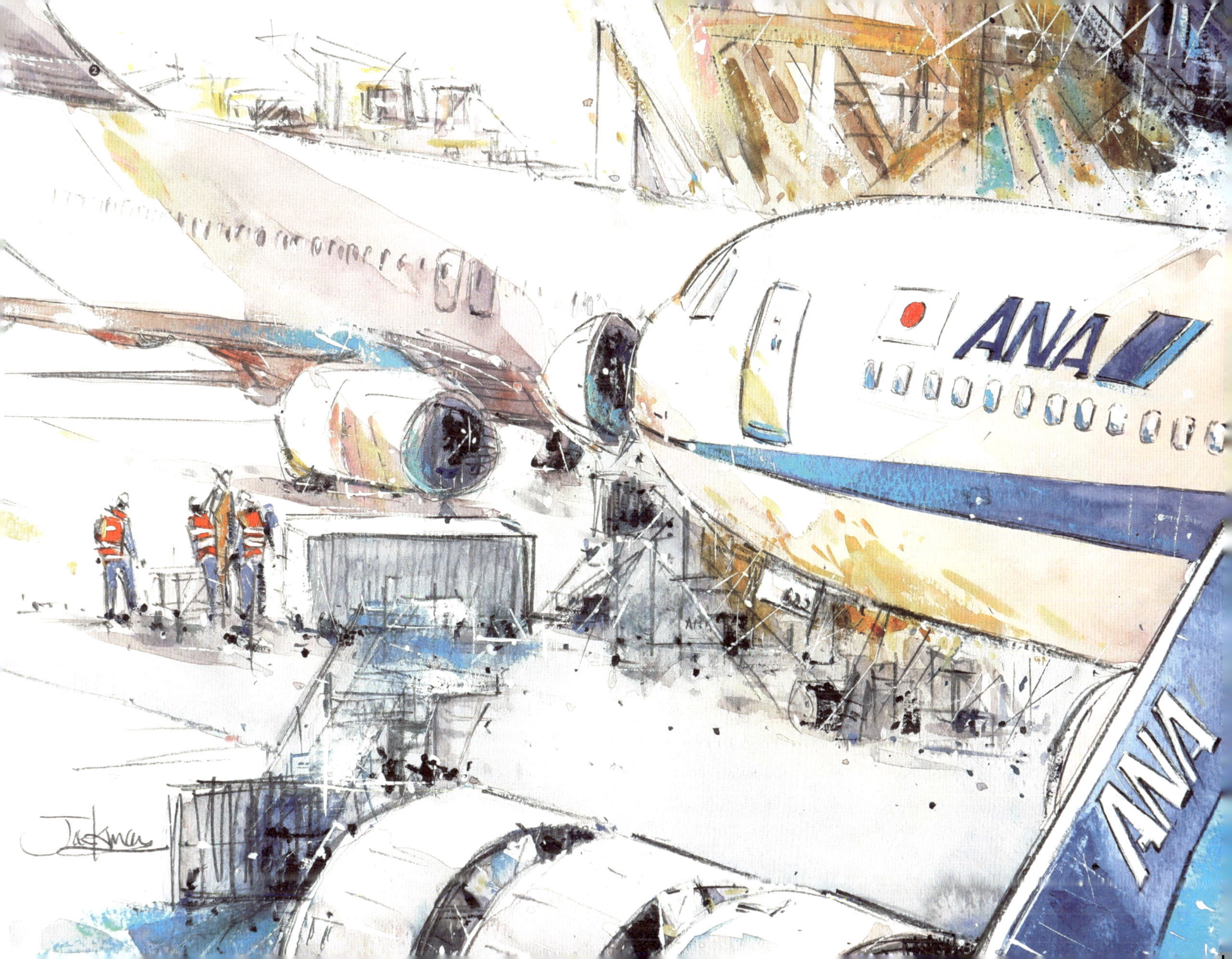

ANA
ANA

就已顯示「滿額」。因此，真正的報名祕訣是：「持續不定時查看報名系統，等待他人取消的空缺名額。」

我一開始就立定目標要在同一天參加兩家的參訪，不想在兩者之間做取捨。綜合兩家的場次，我列出幾個可行的組合：組合 1「JAL（09:30-11:20）＋ ANA（13:30-15:00）」、組合 2「ANA（11:00-12:30）＋ JAL（14:45-16:35）」。雖然該區域沒有太多商店可逛，但我規劃了一、兩小時的空檔，可以到 JAL 大樓對面的一家便利商店解決簡單的午餐，或者回到第三航廈打發時間。

懷著堅定的信念，我利用每天的空閒時間持續用手機刷新兩家的報名系統，累計超過 500 次（保守估計）。皇天不負苦心人，我終於在 12 月 6 日（行程倒數第 15 天）時，成功搶到 JAL 的兩個名額；接著在倒數第 3 天又幸運地取得 ANA 的兩個名額，這種成就感就像完成人生重要目標一般滿足！更令人驚喜的是，我最終參加的場次並非我原先規劃的組合，而是這樣的安排：「ANA 免費參訪（11:00-12:30）＋ JAL 付費參訪（13:00-15:20）」──注意，JAL 是同樣很難搶的付費參訪喔！兩場行程完美銜接，簡直是天時地利人和。

ANA 與 JAL 大樓的探索指南

我前晚從香港抵達羽田機場，入住與第三航廈相連的酒店。隔天早上，享用了元氣滿滿的早餐，寄放行李後，便出發前往位於羽田機場南側區域的目的地。搭乘單軌電車到「新整備場站」最便利，不過要特別注意，單軌電車

1-2 前往 ANA 大樓的方法，可以搭單軌電車到「新整備場站」。出站後，有接駁車接送參訪者抵達大樓門口。

有「新整備場站」與「整備場站」兩站，且只有普通車會停靠「新整備場站」，區間快速和機場快速列車則不停靠。我從第三航廈搭乘普通車，下一站就是新整備場站。

新整備場站只有一個出口，出站後即可看見跑道上的飛機。往前直走右轉就是 JAL 大樓，同時也能看到 ANA 參訪的接駁車站。ANA 大樓位於這條車道另一側的盡頭，從地圖上看，這兩棟占地廣大的建築物並排在同一條車道上，接駁車只需兩、三分鐘就能抵達各大樓門口。如前所述，我在結束 ANA 參訪後，搭乘同一條路線的接駁車返回上車地點，下車後就能輕鬆進入 JAL 大樓。要特別注意的是，若沒有預約參訪，一般民眾是無法進入這兩棟建築物的，例如 ANA 入口大廳雖有販售限定紀念品的便利商店，但一般人無法特地前往購買。

ANA 的參訪地點位於「ANA Airframe Maintenance Building」，這是一座負責 ANA 飛機安全運行、進行機體檢查與維修的設施，並設有空橋連接飛機庫。參訪行程包含 30 分鐘講座及 60 分鐘的「飛機庫參訪」。參訪者可在活動開始前 30 分鐘進入大樓報到，最遲須在場次結束後 30 分鐘離開。以我當時參加的 11:00 場次為例，10:30 才可入內，12:30 結束參訪，最晚可待到 13:00。免費接駁車的部分，每場參訪前後各有兩班車，11:00 場次的發車時間分別為參訪前的「10:35」及「10:45」，以及參訪後的「12:40」及「13:00」。若錯過接駁車，步行約需 10 分鐘才能回到新整備場站。▲

飛機迷的聖地──全日空機體工廠

行程開始，參訪者會先被帶到一個類似大學講堂的場地就座，職員介紹羽田機場、飛機檢查及維修流程、ANA 機隊，以及參訪飛機庫的注意事項等。接著以小組為單位行動，每組配有一位導覽員。我這組的導覽員負責接待外國旅客，會同時使用日語和英語解說。接著，大家便可戴上安全帽，浩浩蕩蕩前往飛機庫，不過進入前，需接受安檢人員進行爆裂物檢測。安檢人員會以白色試紙輕輕擦拭每位參觀者的衣物或背包，再將試紙放入檢測儀器

▲ 編註：本文敘述的時段，皆為 2024 年 12 月實行的活動方案，與官方目前公布的時間有所不同。

1-2　ANA 參訪者如同出席講座般，專心聽職員介紹，隨後戴上安全帽前往飛機維修棚廠。

中掃描，以確認是否攜有含爆裂物成分的物品。

我們很幸運地參觀到停滿飛機的 ANA 飛機庫（寬 230 公尺、縱深 100 公尺、高 42.4 公尺）。從高處甲板眺望整座停機廠房，寬闊的無柱空間一覽無遺。只見七架中型及大型飛機首尾交錯停放，再加上密集的各類維修設施、懸掛在天花板上的鷹架軌道，以及正在忙碌的工作人員，完全填滿了整個廠房，場面相當壯觀。而我們之後更可以跟隨導覽員在飛機庫內各處移動，近距離觀察機身、機頭、機翼、引擎等部位──想想看，平常搭飛機，都是直接坐進機艙裡面，現在能如此貼近觀看飛機的龐大身軀，那種震撼感實在教人難以抗拒。

導覽員也重點介紹了波音 767 及 777 兩種機型。我們首先看到編號「JA622A」的波音 767-300 客機。目前全球的波音 767 飛機超過 1,200 架，ANA 擁有 80 多架，數量僅次於擁有最多 767 的達美航空，而 JAL 則有約 40 架。ANA 的 767 是國內線主力機型，主要營運如東京往返鹿兒島、熊本、高松、秋田等航線，機艙配置為 10 個豪華經濟艙座位及 260 個經濟艙座位，總計 270 席。我還沒搭過日本國內線航班，或許下次旅行可以安排體驗，說不定有機會搭上眼前這款機型。

接著我們參觀了編號「JA798A」的波音 777-300ER（俗稱「Triple Seven」），是當天現場最大型的飛機，近距一看更顯得震撼。這款機型是世界最大的雙引擎廣體客機，客艙兩側寬度接近 6 公尺，超寬體設計最多可容納一排 10 個座位。以這架飛機為例，座位總數為 212 席，其中 31 排至 38 排採用「3─4─3」的十人座配置。目前這也是全日空的旗艦機種，配置 8 個頭等艙座位，主要執飛東京往返美國或歐洲大城市的航線。

在機庫的西南角落，一架編號「JA301K」的 737-500「超級海豚號」安靜地停放著，機身上塗有可愛的海豚圖案。這款機型曾是日本國內線的主力機種，如今已全數退役，而眼前這架飛機則轉作為訓練維修人員的專用機。

最後，我們來到飛機庫的大門前，跑道近在咫尺，能在這個位置欣賞飛機起飛，這還是我人生的第一次！導覽員用手機查看航班資訊，興奮地告訴我們很快就能

當天 ANA 的維修棚廠停滿了飛機，場面相當壯觀。

我們可以近距離觀賞 ANA 不同型號的飛機。

看到 ANA 飛機起飛，大家因此有幸一起目睹 ANA 飛機從起飛到漸漸遠去、成為一個小點的完整過程。

當聽到有人為此鼓掌時，我也不禁感動地跟著鼓掌，腦海中也同時回想著維修飛機的畫面。

航空知識的殿堂——日本航空空中博物館

鏡頭一轉，我人已經來到 JAL 大廈的「JAL Maintenance Centre 1」，這裡同樣有一座空橋連接飛機維修棚廠。付費參訪除了有一堂 STEAM 課程外，其餘行程皆與免費參訪一樣，都會前往飛機庫參觀。

因此，我們首先在教室參加這堂以飛機設計為主題的 STEAM 課程。講師說明了如何透過調整機翼的長短與寬窄、引擎的大小、載重的位置等因素，讓飛機能在不同的風速、風向下安全飛行與降落。接著進行兩人一組的實作體驗，參加者可以選擇不同的 737 飛機機翼模型進行設計，再將引擎大小等參數輸入電腦，最後由電腦程式模擬飛行結果。每組都進行了多次模擬，並在紙上記錄比較結果。期間講師會不時查看進度，給予指導與鼓勵。

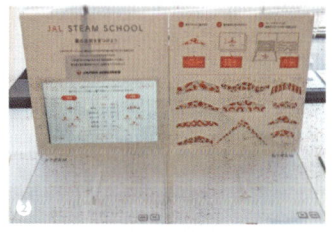

整體而言，雖然有些日文內容聽不太懂，但這確實是一個能認真學到知識的學習體驗，很慶幸能參加到。最後還獲得一份結業證書，雖然是象徵性質，但對小朋友來說是很好的鼓勵。對了，還有一個驚喜，每位學員都收到了一份摺紙飛機的限定禮物，讓大家回家後能繼續「延伸學習」。（後來在展館的紀念品店發現這份禮物售價 1,000 日圓，等於說這個付費參訪課程還是免費的。）

1-2 | 我隨後參加了 JAL 付費參訪活動，首先是以飛機設計為主題的 STEAM 課程。我手上拿著的是課堂完成的學習單，這堂課確實讓人獲益良多。

1-2 | 這是回家後摺好的 JAL 紙飛機，是 STEAM 課程送給學員的專屬紀念品。

STEAM 課程結束後，飛機庫參訪正式開始。首先我們聆聽了 10 分鐘的基本介紹，包括飛機庫的規格、JAL 機隊組成，以及如何辨識不同機型等，之後便在博物館自由參觀。展場最引人注目的，是一架已退役的波音 737 客機駕駛艙斷面，參訪者可以坐進去拍照。展區內容相當豐富多元，涵蓋機師、空服員、維修人員等人的工作內容介紹，也展示了日本航空的歷史沿革，還提供客艙座椅體驗，以及機師、空服員制服試穿拍照等互動項目。展場的解說都有日文和英文對照，內容十分充實，若要仔細閱讀每個展區的內容，恐怕時間會不太夠用。另外，

在波音 737 客機駕駛艙拍照，是參訪行程中的一大亮點。

1-5 JAL 博物館內容豐富，展示精緻，遊客還能在此選購限定紀念品——30 分鐘的參觀時間實在太短了！

我在紀念品店發現一些別具巧思的商品，像是將淘汰的救生衣改製成環保袋，這種資源再利用的概念很有意思。

接著來到重頭戲，大家領取安全帽後分組行動，每組都配有一位導覽員。我這組的導覽員正是先前 STEAM 課程的講師，他不僅經驗豐富，還負責英語導覽。JAL 的飛機庫分為 M1 和 M2 兩座，我們主要參觀的是 M2（寬 190 公尺、深 100 公尺、高 40 公尺）。

1-2　能在飛機庫內看到哪些機型以及數量，完全取決於維修時程和航班調度。這天 JAL 的機庫內，只停放了兩架飛機……

❹ 1-4 ｜編號「JA08WJ」的空中巴士 A350-1000 是一架全新的、尚未首航的飛機，這無疑是當天參觀行程的驚喜特別獎！

顯然，無論是 ANA 還是 JAL 的參觀行程，從「報名成功」到「重頭戲」都得看老天眷顧──能在飛機庫內看到哪些機型，完全取決於當天的維修時程和航班調度，全憑個人運氣。結果，我們抵達 M2 時，只看到兩架飛機孤伶伶地停在空曠的機庫內，而且機庫大門也已關閉（這意味著我們無法走到門前觀看 JAL 飛機起降）。不得不說，難免有點失望，但也只能坦然接受了。

停在中間的是編號「JA312J」的波音 737-800，主要服務國內航線，導覽員對它只做了簡單介紹。此行的重點其實是停在角落的那架大型客機，這也成了本次參觀的「特別獎」。原來眼前這架編號「JA08WJ」的客機是空中巴士 A350-1000，這款機型共有 239 個座位，其中頭等艙 6 席，商務艙 78 席，經濟艙則有 155 個座位。JAL 正積極推動空中巴士 A350-1000 成為國際線的主力機型，總共訂購了 13 架。而眼前這架編號 JA「08」WJ，代表是第八架交機的飛機，交付日期是 2024 年 12 月 8 日，而我參觀的日期是同年 12 月 21 日，代表它是一架全新的、尚未載客營運的 A350-1000。這才明白原來我的運氣還是很好的！最後，導覽員還特別驕傲地向大家宣布這架飛機的首航日期，並熱心地幫每位參觀者與飛機合影留念。

千載難逢的日本航空界完整體驗

最後，分享一下我的感受。首先，ANA 與 JAL 的見學體驗其實不需要相互比較，兩者都非常精采，光是有機會進入飛機庫參觀，就已經是千載難逢的體驗了，因此無論參加哪一家的見學行程，相信旅客都能收穫滿滿、心滿意足。其次，兩家確實各有其特別精采之處，從名稱就可略知一二：ANA 見學的全名是「ANA Blue Hangar Tour」（全日空機體工廠見學），其特色在於「飛機庫參訪」；而 JAL 見學的全名是「JAL SKY MUSEUM」（日本航空空中博物館），因此他們提供了一個內容豐富且精緻的博物館環境，又由於是付費參訪，有 STEAM 課程的加持，顯示 JAL 在航空教育方面投入更多心力。

或許有人會問：「ANA、JAL 見學，該選哪一家？」老實說，因為兩家都是人氣爆棚的行程，我們實際上是沒有選擇權的。一旦有幸取得名額，不論是哪一家都值得參加。要說最完整的「日本航空界體驗」，那就是兩家都去看看！（另外，也推薦大家一個延伸旅程，那就是位於成田機場旁的航空科學博物館。）

Information
全日空機體工廠見學　anahd.co.jp/group/tour/ana-blue-hangar
日本航空空中博物館　jal.com/ja/kengaku
航空科學博物館　aeromuseum.or.jp

❶

❷

雖然 JAL 的參訪主題以博物館為主，但能有機會走進飛機維修廠參觀，還是一趟難得的珍貴體驗。

3 皇居內苑見學
一日三百人拜訪天皇的家

■ 東京皇居 ■

參觀東京皇宮的念頭，起源於另一趟旅行。當時為了前往千鳥淵公園賞櫻（詳見本書 4-1 文），我正好經過皇宮前廣場，看見了「正門石橋」。石橋、皇室建築與濠河相互輝映的畫面十分優美，從那時起，我便一直記掛著想要參觀皇宮。

預約制的皇居內見學體驗

如果想要參觀「皇居內」且行程已經確定，建議提前一個月在宮內廳官網申請。除了皇居內，其他重要的皇室場所也都能線上預約，包括歷史悠久的京都御所、京都仙洞御所、桂離宮及修學院離宮等。

桔梗門是參觀皇宮內的進出口，從東京車站步行約需 15 分鐘。我出示電郵申請紀錄後便順利進入，通過安檢後，所有人都集中在窗明館內聽取導覽說明。

75 分鐘的參觀路線：❶ 桔梗門→ ❷ 窗明館（集合）→ ❸ 富士見櫓→ ❹ 宮內廳廳舍前→ ❺ 宮殿東庭→ ❻ 正門鐵橋（過橋後原路返回）→ ❺ 宮殿東庭→ ❼ 山下通→ ❶ 桔梗門（離開）。

建立在江戶城上的皇居 NOTE

皇居是日本天皇的居所。自明治維新後，日本將都城從京都遷至東京，天皇的居住地也從京都移至東京皇居，一直延續至今。如今，天皇執行公務的宮殿也設在東京皇宮內，這裡更是舉辦重大儀式的場所，包括天皇發表新年賀詞、接見外國元首等活動。

皇居的所在地，原本是德川幕府將軍德川家康於 1590 年所建造的江戶城，但因二戰期間遭到轟炸，直到 1968 年才完成重建，因此目前所見的建築大多是戰後重建的新宮殿。雖然皇宮內能看到的歷史悠久景點並不多，但若想了解近代日本皇室，這裡絕對是不容錯過的地方。

東京皇居大致可分為三大區域：免費入場的「皇居外苑」、「東御苑」，以及需要預約參觀的「皇居內」。「皇居內」每天安排兩個導覽場次，分別為 10:00 和 13:30，導覽時間約 75 分鐘。參觀方式可透過線上預約或現場排隊，且完全免費。現場報名的名額有 300 人，當天我預約了上午場次，約 11 點半離開時，已看到超過 100 人在排隊等候下午場次。

1 ｜ 與數百位遊客一同參觀日本天皇的居所。
2 ｜ 在人潮擁擠、時間有限的情況下搶購到的皇室限定商品。

或許正值旅遊旺季，參觀人數特別多，現場相當熱鬧。當天有多位會說中文、英語、法語等語言的導覽員，在說明注意事項後，便依語言分組進行導覽。其中，中文團的人數頗多。聽負責中文團的日本導覽員的口音，我猜她應該是在台灣學習中文的。

有幾項重要的注意事項：整條參觀路線長達 2.2 公里，參訪者不能中途離開或折返，路途中也沒有洗手間。另外，因為導覽結束後就會直接離開，因此購買皇室限定紀念品的唯一機會就在窗明館內。我趕緊買了幾件紀念品，包括書籤等，都標示著「皇室限定」，且是日本製造，價格也很實惠。

古樓與鐵橋之間的漫步

我們的參觀路線依序為：富士見櫓→宮內廳廳舍前→宮殿東庭→正門鐵橋（過橋後原路返回）→宮殿東庭→山下通→桔梗門（離開）。首先要特別說明的是，所謂參觀皇宮，並非能夠進入建築物內部參觀，而是由導覽員帶領大家在建築物外圍進行導覽。

第一個景點是被譽為「江戶城象徵」的富士見櫓，這座三層砲塔（三重櫓）聳立在高處，數百年來一直守護著江戶城。在江戶城的歷史中，原本共有 28 座砲台，如今僅存三座。除了富士見櫓外，還包括稍後會看到的伏見櫓和櫻田巽櫓這兩座二層砲塔（二重櫓）。

富士見櫓最初建於 1606 年，後來在 1657 年的明曆大火（世界歷史上的三大火災之一）中毀損，1659 年才又重建完成。重建後的富士見櫓取代了廢棄的天守閣，成為江戶城的象徵。雖然之後經過多次修繕，但現今所見的樣貌仍是 1659 年重建的版本，建築物高度約 16 公尺。

接著來到建於 1935 年的宮內廳廳舍，其獨特的五角形設計相當引人注目。導覽員提到這裡曾短暫作為天皇的臨時宮殿。宮內廳是負責管理天皇、皇室及皇居事務的機構，這趟導覽行程也是由他們安排的。

不同視角下的富士見櫓與松樹。這座高 16 公尺的富士見櫓，是幕府將軍為了觀賞富士山和東京灣美景而建造的角樓。

另一個視角下的富士見櫓與松樹。

全長 160 公尺的長和殿，每年新年及天皇誕辰時，天皇都會在中央陽台（白框處）向民眾發表談話。

至於日本民眾每年有兩次機會能近距離見到皇室成員的地點「長和殿」，就在我們參觀的第三站「宮殿東庭」的區域。導覽員說明這裡是每年新年及天皇誕辰時，進行致詞參賀與接受民眾祝福的場所。以 2025 年的「新年一般參賀」為例，1 月 2 日當天就有超過 13,000 位民眾前來，大皇夫婦、上皇夫婦等人在長和殿陽台上微笑揮手，全天共現身五次。另一次見面機會則在 2 月 23 日，也就是現任天皇的生日。

第四站是皇居最著名的正門鐵橋「二重橋」，具有濃厚的歐洲風格，就連橋上的路燈都十分優雅。在這條濠河上其實有兩座橋，從外圍看去，許多人常誤以為前方的「石橋」就是二重橋，但實際上是，後方的「鐵橋」才是真正的二重橋。這座鐵橋的前身是一座上下兩段橋桁的木造橋，因此得名「二重橋」。而在正門石橋附近的櫻田門，在日本歷史上其實曾發生過多起重大事件，例如 1932 年，就發生過針對昭和天皇的刺殺未遂事件。

267

二重橋上的歐式風格街燈。

1 | 櫻田巽櫓為現存三座砲台中的其中一座。
2 | 從二重橋望見的伏見櫓,是現存三座砲台中的第二座。

　　橋上是熱門的拍照地點,能欣賞到矗立在石牆上的「伏見櫓」英姿,這是被譽為皇居最美的櫓。伏見櫓是一座雙砲塔,因為從京都伏見城移築過來而得此名。這段石垣和櫓的工法相當堅固,在關東大地震時都未受影響。

　　參觀完二重橋這個行程中的最後景點後,我們便原路返回桔梗門,離開皇居。返回東京車站的途中,經過和田倉噴水公園旁的星巴克,其透亮的玻璃建築外觀立即吸引了我的目光,於是我決定坐下來,一邊享用咖啡,一邊回味皇宮內外的美麗景色。我認為,從東京車站到皇居的這段路程其實也滿迷人的,一路上,可以從現代摩天大樓林立的商業區,漸漸過渡到皇居周邊開闊的綠地與天空,這樣的空間轉換不僅展現了東京新舊交融的獨特魅力,也象徵著現代日本天皇制與民主政治和諧共存的特色。●

information
宮內廳參觀案內 | sankan.kunaicho.go.jp

櫻田門在日本歷史上曾發生諸多重大事件，也經常作為電影及戲劇的場景。

4 藍調東京之夜
朝聖爵士迷聖地 Blue Note Tokyo

■ Blue Note Tokyo ■

那個晚上,我懷著朝聖的心情,造訪了「Blue Note Tokyo」,這個東京頂級爵士樂表演場所果然名不虛傳。無論是現場的享樂氣氛,或是音樂表演者的精湛演出,都讓人留下深刻的印象。在享受完這場迷人動聽的爵士樂之夜後,我想這裡必定會成為我往後東京旅行的固定行程。

藏在咖啡館裡的微醺爵士樂

會特地前往位於表參道的 Blue Note Tokyo，是因為改編自漫畫的熱血爵士樂動畫電影《BLUE GIANT 藍色巨星》。我是先在香港戲院觀賞了電影，之後才一口氣買下全套繁體中文版漫畫。這部被譽為「聽得見聲音的漫畫」，是漫畫家石塚真一的作品，簡單來說就是描述男主角追求「成為世界第一爵士樂手」的故事。原作目前連載第四部，前三部分別是「日本篇」、「歐洲篇」及「美國篇」。其中漫畫「日本篇」和電影中所描述的東京第一爵士舞台「So Blue」，就是以真實的 Blue Note Tokyo 為創作原型。因此在電影上映並獲得好評後，Blue Note Tokyo 也舉辦了相關特別活動，還邀請了導演及音樂總監等創作團隊出席。

在「日本篇」中，主角與同伴遊走於東京各式各樣的演奏場所。這些演奏空間雖然不大，但觀眾可以一邊舉杯喝酒、品嘗美食，一邊欣賞表演。這種特別的場所有個專門名稱，稱為「爵士咖啡廳」（Jazz Kissa／ジャズ喫茶）。爵士咖啡廳可說是日本獨有的文化產物，在二戰後蓬勃發展。由於當時進口的爵士唱片是種昂貴的

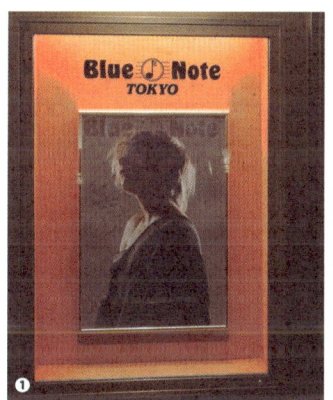

1-2 | 正門展示著當晚的表演者：美國爵士樂歌手葛瑞琴・柏拉圖。她在過去數年曾多次在此演出，這次更是連續四天的表演。

沿著階梯往下走，樓梯上方的牆壁掛滿了世界殿堂級爵士樂手的照片。

271

奢侈品，這些店家通常在白天賣咖啡，晚上則搖身一變成為酒吧，讓年輕歌迷只需花一杯咖啡的價錢就能聽到心愛的爵士樂唱片。

說起「爵士咖啡廳」這個名稱，我也是因為日本知名作家村上春樹才開始接觸到的。村上年輕時曾經開過一家叫「Peter Cat」的爵士咖啡廳，當年 29 歲的他每天打烊後就在店裡寫作，最後完成了他的第一本獲獎作品《聽風的歌》。時至今日，爵士咖啡廳雖然略顯式微，但仍有相當數量的死忠粉絲，市面上也有不少專門的書籍和攝影集介紹這種文化。

在 Blue Note Tokyo 聽爵士夜語

談到 Blue Note Tokyo，它不只是一般的爵士咖啡廳，而是一個現場爵士樂表演場所。在網路上只要搜尋 Tokyo、Live Jazz 等關鍵字，十之八九都會推薦這家東京數一數二的人氣爵士餐廳。「Blue Note」這個品牌源自紐約，全球共有十家同名的 Live Jazz 餐廳（而「Blue Note Taipei 台北藍調」與此品牌並無關係），日本僅有東京店，日本知名音樂家都在此登台，世界級的音樂巨星也經常出席演出。

| 1 | 表演舞台的正面。 |
| 2-3 | 舞台上的鋼琴、貝斯、架子鼓等樂器。 |

往後到東京旅行又多了一個固定行程──下次一定要搶到 Box Center／Pair 的票！

東京的迷人之處，就是有著各種與世界同步的藝文表演。

那天晚上，像我這樣來朝聖的觀眾不在少數，大家都輪流在門口拍照打卡。表演場地位於地下一樓，舞台與觀眾席的距離很近。只見大批服務生快速地穿梭其間，為客人點單送餐。我只點了一杯紅酒，沒有用餐，因為想專心欣賞表演。不過看到隔壁的客人陸續點了多道菜餚，規模就像在一般餐廳享用的五道式套餐。

這次我欣賞的是美國知名爵士樂歌手葛瑞琴‧柏拉圖（Gretchen Parlato）的表演，她曾多次在 Blue Note Tokyo 演出。整場表演約一小時，會場氣氛相當溫馨，觀眾們都露出心滿意足的神情。

Blue Note Tokyo 的座位指南

最後，來跟大家介紹一下訂位攻略。客人需要在官網直接下單，並支付全額費用。全場座位多達 300 個，入場費（Music Charge）是根據表演者的級數來定價，通常每人從 8,000 日圓起跳。我這次欣賞的場次是 9,000 日圓，而當月最貴的場次約 13,000 日圓。除了入場費，還有座位的附加費用：最邊緣的座位不需加收；其他座位則依觀賞角度、位置，以及是否與他人共桌等情形，再加收 1,000 至 3,000 多日圓不等的費用。

圖中座位區編號說明

1. 這是我預訂的兩人獨享座位區,與鄰桌距離較近,另一側也有一排座位。
2. 六人包桌的區域可以正面觀賞舞台,最適合六人同行的客人。座位由服務人員安排,越早到場,可能會分配到較好的位置。
3. 這區域應該是離舞台最遠的區域,不需額外付費。
4. 樓上的特別區域並未在它網上展示,看來是不對外開放訂位。

　　Box Center／Pair 是全場最好的座位,除了能正面欣賞表演,還能享有舒適寬敞的座位。這類座位分為三種:六人包桌(1組)、四人包桌(2組)及兩人包桌(2組)。以六人包桌為例,每人需加收 3,300 日圓,一桌共 19,800 日圓。Box Center／Pair 通常最快賣完,我只買到次一級價位的「兩人包桌」座位,每人加收 2,750 日圓。

雖然是獨享的桌子,但座位並不寬敞,而且與隔壁桌的距離很近。

　　有了這次經驗,下回我會及早確定日期,多付一些錢,搶購 Box Center／Pair 的票!

information

Blue Note Tokyo ｜ bluenote.co.jp

5 下榻東京的好選擇
八重洲與臨海副都心區留宿提案

■八重洲 ■百合海鷗號 ■東京灣拉維斯塔飯店 ■千客萬來 ■豐洲市場

東京，常是我日本旅行的首站或終點站，而在旅遊期間，我會去造訪其他縣市的大城小鎮，甚至遠至北海道或九州。為了方便搭乘新幹線，我習慣住在東京車站的八重洲一帶。這裡不論是高級飯店還是膠囊旅館，都能滿足不同預算的旅客需求。

我的東京都心歇腳處

選擇八重洲最大的優勢，在於往返兩大機場的便利性。前往成田機場時，除了可搭乘 JR 成田特快（N'EX），更可選擇既經濟又舒適的直達巴士。由於需求量大，日間每 10 到 15 分鐘就有一班車發車，即使排隊人潮眾多，也能快速上車。巴士 ·上高速公路後，僅需 60 分鐘即可抵達目的地——老實說，若非持有 JR PASS，我更傾向選擇直達巴士而非成田特快。至於往返羽田機場就更為便利了，僅需半小時便可抵達八重洲。

除了機場交通便利外，另一項令人心動的優勢，就是搭乘新幹線的便利性。對經常搭乘東北新幹線的我來說，東京站和上野站是僅有的兩個選擇，因此住處越接近這兩個車站越好。

說到八重洲的住宿選擇，肯定要提及我最常光顧的「東京站八重洲中央口 Super Hotel Premier」，從東京站八重洲口步行到飯店僅需兩、三分鐘，自開業以來近十年間，我已在此入住超過 20 次。

大浴場原本是傳統溫泉旅館的標準配備設施，而近年來許多新建的城市連鎖飯店也開始將大浴場納入賣點，不過在十年前，連鎖飯店設置大浴場是十分罕見的，正

1 | 每晚歸途前，我總會繞到八重洲對面的丸之內口，欣賞燈火璀璨的東京車站建築。
2 | 位於東京車站八重洲口的 Super Hotel 外觀。
3 | 夜幕低垂的八重洲街景，燈火通明，熱鬧非凡。

是這家 Super Hotel，成為我在日本遇到的第一家配備大浴場的連鎖飯店。能在大城市中輕鬆享受泡湯樂趣，著實令人驚喜。雖然它的大浴場既非位於頂樓，也沒有露天區域，但這絲毫不減其吸引力。

即使到日本最北或最南的地方旅行，我都會以東京作為出發首站。

還有，八重洲地區最令人心動的地方在於，無論是地面、還是地下街，都匯集了各種美食餐廳。值得一提的是以黑毛和牛聞名的「人形町今半」，在日本橋高島屋 S.C. 的分店距離 Super Hotel 步行不到 10 分鐘。無論是抵達東京的第一頓晚餐，還是啟程前的午餐，我每次必點壽喜燒，其美味實在無可挑剔！

搭百合海鷗號看彩虹

不過近年來,我偶爾會選擇住在東京臨海副都心。這是因為我在那裡發現了一家臨海飯店,不只有直達巴士可往返成田或羽田機場,還能搭乘百合海鷗號(ゆりかもめ,Yurikamome),輕鬆又划算地暢遊多個東京臨海景點。

怎麼玩東京臨海副都心? INFO

東京臨海副都心大致可分為台場、有明、豐洲等區域,我推薦可以搭乘百合海鷗號遊覽,若有一整天的時間,更可以直接購買約 900 日圓的一日券。從高樓林立的新橋站出發,沿途可以遊覽的景點包括:日本電視台總部及宮崎駿的大時鐘(汐留站)、台場及富士電視台總部(御台場海濱公園站或台場站)、東京迷你世界博物館(有明網球之森站)、豐洲市場及千客萬來(市場前站)、teamLab Planets(新豐洲站)等。上述熱門景點我就不一一細說了,簡單來說,依照自己的興趣挑選一、兩個地方慢慢逛,就能擁有豐富得不得了的一日旅程。

1-2 | 列車車頭擠滿了旅客,有人拿手機拍攝,有人則是專心觀景。

這列被官方暱稱「百合海鷗號」的單軌列車,全名為「東京臨海新交通臨海線」,從首站新橋(鄰近 JR 新橋站)到尾站豐洲,共有 16 站。順帶一提,所謂的「百合海鷗」並非海鷗的一種,而是棲息在隅田川水域的鷗鳥。

提到高架單軌列車,我會聯想到羽田機場的單軌列車,而百合海鷗號的特別之處在於採用無人駕駛系統。正因為如此,車頭和車尾的空間得以擴大,座位也變成了全景視野的觀賞座位,讓旅客能透過寬大的車窗,一覽無遺地欣賞港灣美景。因此,即使在遊客不多的時段,這些「黃金座位」也總是在第一時間就被人占據。至於人潮擁擠的時段,若能搶到黃金座位後方的站立空間,都算是幸運的了,因為大家都會擠在那個區域,拿著手機拍攝沿途風光,尤其是列車行經「彩虹大橋」的那一段路程。

百合海鷗號列車的「黃金座位」是一到兩個座位的設計，我是坐在右邊的兩人座。

「彩虹大橋」這個暱稱，是透過公開募集選定的，其正式名稱反而很少被使用。這座橫跨東京灣的雙層吊橋，由兩座氣勢非凡的橋塔支撐，不僅是連接東京都港區芝浦與台場兩地的公路、鐵路兩用大橋，更是眾多經典日劇的取景地點。在大橋西端（也就是列車從新橋駛往大橋的方向），由於橋面距離較高，交通工具無法直接上橋，因此特別興建了螺旋形緩坡，方便車輛上下橋梁。

若有幸坐在百合海鷗號的「黃金座位」上，當列車沿著螺旋形緩坡往上爬升時，其實可以感受到轉彎的動感。而往反方向的行程，我認為更加精彩，彷彿置身在雲霄飛車中！雖然列車在螺旋形緩坡繞彎下行時速度並不特別快，但透過全景視野的車窗，仍能充分感受到向下轉彎的刺激感，令人驚呼連連。

我的臨海投宿新夥伴

豐洲近年成為旅客矚目的熱門區域。除了廣為人知的豐洲市場，緊鄰的「豐洲千客萬來」更是集結美食、購物與溫泉於一身的超人氣景點。而在對面的「東京灣拉維斯塔飯店」，憑藉其臨海優勢，已成為我在八重洲之外的另一個住宿首選。

1　東京灣拉維斯塔飯店大堂一隅。
2　頂樓公共空間可眺望東京灣景致，浴場同樣坐擁這幅美景。

在飯店俯瞰到的清晨東京灣景色。

這間飯店有幾個令人驚豔的特色值得分享。首先，飯店的早餐區設有一個標榜豐洲市場直送的刺身專區，提供七至八種源源不絕的新鮮食材。住客可依個人喜好搭配成刺身丼飯，更貼心的是，除了白飯外，還特別準備了醋飯，展現了十足的專業細節。其次，頂樓的浴場分為室內和露天兩區，讓賓客能一邊泡湯，一邊飽覽東京灣的遼闊美景。

交通方面極為便利，從百合海鷗號「市場前站」下車後，無論是前往飯店或是豐洲市場，都只需步行兩、三分鐘。這樣的地理位置不僅方便住客探索周邊景點，也便於前往東京其他地區遊玩。

頂樓的酒吧是另一個亮點，在這裡可以一邊啜飲美酒，一邊欣賞東京灣的迷人夜景，對愛好品酒的旅客來說，無疑是大加分。那個難忘的夜晚，我品嘗著山崎與余市威士忌，度過一個值得回味的東京之夜。

在頂樓酒吧上欣賞到的東京灣夜景。

1. 頂樓酒吧以豐富的日本威士忌種類聞名，讓我邊品酒邊賞夜景。
2. 飯店樓下設有往返成田、羽田兩大機場的巴士站。

回程時，我向窗外的東京許願，期待下一趟更美好的旅程。

最後，這間飯店還藏有一個完美的驚喜：在飯店下層設有往返成田及羽田機場的直達巴士站。雖然每日班次不算密集，但對於常搭乘下午航班返回香港的我來說，12:00開往機場的巴士班次簡直是再理想不過的選擇。自從它成為我的住宿首選後，它總能為我的關東之行畫下圓滿的句點。

而在前往成田機場途中，我放空地看著車窗外的東京景色，心情難免落寞，因為即將回歸到忙碌工作的日常。雖然如此，結束也是開始，看著筆記上列出的「期盼想去的新地方與再訪地方」清單（有些更是在這趟旅程期間添加的），落寞的心情頓時消失——原來我的心已經開始規劃下一趟的日本之旅，期待與更美好的景色相遇！

information

百合海鷗號 | yurikamome.co.jp
東京灣拉維斯塔飯店 | dormy-hotels.com/resort/hotels/la_tokyobay
豐洲千客萬來 | toyosu-senkyakubanrai.jp

附錄
畫作的創作手記

在《日本絕景繪旅行》出版後，我們來到台北展開快閃式的新書宣傳之旅。從週四晚上抵達，到週日中午返回香港，實際可安排活動的時間僅有週五、週六兩天。我們前往三間各具特色的獨立書店舉辦新書分享會，分別是我們都很喜歡的郭怡美書店（台北）、晴耕雨讀小書院（桃園）及巷子裡的魚（台中）。此外，我們也把握機會前往兩所學校，與國小、國中學生分享創作歷程。這不是我們首次在台灣的學校辦講座，但能夠與學生們分享經驗、討論寫作、繪畫等主題，每一次的交流都讓我們感到愉快。

兩天內完成五場活動,雖然行程緊湊,但幸運地一路順利,收穫滿滿。每一位新讀者、舊讀者、學生、老師和好朋友的笑容與鼓勵,都在我們心中留下感動的回憶。

這趟宣傳之旅特別的是,我們從香港親自帶來《日本絕景繪旅行》的封面原畫,讓大家能近距離欣賞「最真實的筆觸與色彩」。另外,我們在台中分享會上進行水彩示範,繪製了一幅東京皇宮畫作。這兩個安排效果很好,值得在未來的新書分享會延續。而這幅水彩示範作收錄在本書中(第269頁),當天的出席者親眼見證了這幅畫的誕生,等於參與了本書的創作過程,為兩本書創造了巧妙的連結。

最後想分享,在本書眾多的畫作中,以構圖及色彩來說,「富士山與山中湖」(第9、15、65頁)、「日本平所見的富士山」(第93頁)、「東京銀杏葉景色」(第203、210頁)及「ANA與JAL」(第6、248頁)這幾幅是我們最喜歡的作品。最後想分享,我們的文創產品終於在台灣實體店上架,第一個據點是桃園的「晴耕雨讀小書院」,網購方面可瀏覽 Pinkoi 網站。目前提供的產品計有:無框畫、書衣、二重紗手帕、紙膠帶等,選取的畫作來自本書及《日本絕景繪旅行》。無論是銷售據點或產品類別,我們會努力不斷擴展,請大家多多支持,讓我們能走得更遠。●

1　在「巷子裡的魚」的活動中,我當場示範畫作的繪製過程。
2　參加活動的讀者都參與了這幅畫的創作。
3　「晴耕雨讀小書院」活動現場。

文少輝
Man Siu Fai, Jackman

香港土生土長的畫家及作家，成立「文少輝工作室」（Man Siu Fai Studio）。喜愛旅遊的 Jackman 擅長繪製水彩風景畫，曾踏足的國度都是他的創作題材，包括瑞士、義大利、西班牙、奧地利、荷蘭、芬蘭、日本、台灣等各地大城小鎮景色。近年回歸本地，傾力以香港為主題，以畫作分享他的香港印象與體悟。

Jackman 至今發表 19 本著作，主要包括「深度旅行＋繪畫」及「繪畫教學」兩類。前者為婚後每一回長途旅行的經歷彙整，既是指南，也是畫冊，每一本都有太太傅美璇（Erica）的同行與協力，如《義大利經典繪旅行》、《最完美的瑞士之旅》系列等。後者如《水彩的 30 堂旅行畫畫課》、《一學就會！水彩實戰教室》等，是廣受走在自學繪畫路上的讀者所喜愛的實用手冊，每本都傾注其創作心得與深厚的藝術教育經驗。

除了創作、著述與教學，Jackman 的作品亦多次入選國際藝術獎項及展覽，部分入選畫作收錄著作中。歡迎大家一起走進文少輝的水彩風景世界。

著作

《東京近郊深度繪旅行》、《日本絕景繪旅行》、《荷蘭比利時魅力繪旅行》、《一學就會！水彩實戰教室》、《奧地利最美繪旅行》、《冬季瑞士》、《芬蘭與波羅的海三國繪旅行》、《最完美的瑞士之旅》、《最完美的瑞士之旅2》、《水彩的 30 堂旅行畫畫課》、《日本見學深度慢遊》、《邊旅行，邊畫畫》、《義大利經典繪旅行》、《日本鐵道繪旅行》、《漫畫廚房》、《西班牙繪旅行》、《畫家帶路，JR Pass 遊日本》、《畫家帶路，丹麥尋寶記》及《Stars in the sky》。

獎項與參展

2024 年	香港一新美術館：西源里選畫	(香港)
2024 年	文少輝 2024 年畫展暨《日本絕景繪旅行》新書發表會	(台灣)
2024 年	日本国際水彩画会：第 24 屆國際水彩比賽	(日本)
2024 年	台北新藝術博覽會：國際藝術家大獎賽	(台灣)
2023 年	IFAM Global 國際在線評審藝術比賽	(馬來西亞)
2023 年	日本国際水彩画会：第 23 屆國際水彩比賽	(日本)
2023 年	台北新藝術博覽會：國際藝術家大獎賽	(台灣)
2023 年	The International Watercolour Masters Contest	(英國)

伊豆河津川畫作入選 2024 年「日本國際水彩畫會」展覽的證書。

2022 年	155th Annual International Exhibition of the American Watercolor Society（美國）
2022 年	IFAM Global 國際在線評審藝術比賽（馬來西亞）
2022 年	文少輝水彩個人展覽（香港）
2021 年	IFAM Global 國際在線評審藝術比賽（馬來西亞）
2019 年	The International Watercolor Contest 2019 of Galleria Esdé（義大利）

information

電郵　｜　info@mansiufai.com
臉書　｜　文少輝工作室
網站　｜　www.mansiufai.com
IG　｜　jetravelnillustration
Threads　｜　jetravelnillustration
Pinkoi　｜　hk.pinkoi.com/store/mansiufai

我的最新畫作——香港城市街道（上）及德國新天鵝堡（下）。

東京近郊深度繪旅行
富士山、周邊輕旅，還有季節美景與驚奇見學

作　　者	文少輝、傅美璇
副 社 長	陳瀅如
總 編 輯	戴偉傑
主　　編	李佩璇
特約編輯	李偉涵
封面設計	謝捲子@誠美作
內文排版	李偉涵
行銷企劃	陳雅雯、張詠晶

版權所有・侵害必究 All rights reserved

特別聲明：有關本書中的言論內容，不代表本公司／出版集團之立場與意見，文責由作者自行承擔

出　　版	木馬文化事業股份有限公司
發　　行	遠足文化事業股份有限公司（讀書共和國出版集團）
地　　址	231 新北市新店區民權路 108-4 號 8 樓
電　　話	(02)2218-1417
傳　　真	(02)2218-0727
E m a i l	service@bookrep.com.tw
郵撥帳號	19588272 木馬文化事業股份有限公司
客服專線	0800-221-029
法律顧問	華洋法律事務所　蘇文生律師
印　　製	凱林彩印股份有限公司
初　　版	2025 年 6 月
定　　價	500 元
I S B N	978-626-314-833-8（平裝）
E I S B N	978-626-314-834-5（EPUB）

國家圖書館出版品預行編目 (CIP) 資料

東京近郊深度繪旅行：富士山、周邊輕旅，還有季節美景與驚奇見學 / 文少輝, 傅美璇著. -- 初版. -- 新北市: 木馬文化事業股份有限公司出版: 遠足文化事業股份有限公司發行, 2025.06
288 面 ; 23×17 公分
ISBN 978-626-314-833-8（平裝）

1.CST: 自助旅行 2.CST: 日本東京都

731.72609　　　　　　114005499